Focus

*Focus*

*Focus*

# 後中共的中國

當中共政權解體，
所有台灣人不可不知的
天下大勢全推演

范疇 —— 著

# POST
# CCP CHINA

# 目　錄
## Contents

**自序**　開始想像「後中共的中國」 ⋯⋯ 009

**第 1 章　定義「後中共的中國」** ⋯⋯ 013

概念定義及討論範圍 ⋯⋯ 016
怎樣才算中共解體？ ⋯⋯ 017
錢不夠用了，不可以印嗎？ ⋯⋯ 018

**第 2 章　錢沒了，中共將因財政而解體** ⋯⋯ 023

財政解體的定義 ⋯⋯ 027
過去錢從哪裡來？ ⋯⋯ 030
2012 年，是中共政權的轉折點 ⋯⋯ 032
來自中共元老院的訊息 ⋯⋯ 033
習近平的加速期 ⋯⋯ 038

## 第 3 章　中共「異形」的前世今生 ⋯⋯ 041

獨立？統一？還是共產國際？ ⋯⋯ 043

中南海學——商鞅大過馬克思的學問 ⋯⋯ 046

脫序的越野車駕駛 ⋯⋯ 049

中共錯過的唯一好機會 ⋯⋯ 050

拒絕正道，畢竟非男兒 ⋯⋯ 051

撲面而來的變局 ⋯⋯ 053

「總加速師」不自知 ⋯⋯ 057


## 第 4 章　中共牆內變因 ⋯⋯ 061

紅二代——奢想無上限、手段無底線 ⋯⋯ 065

共青團——更接近職業經理人氣質的共產黨 ⋯⋯ 066

解放軍——槍彈分離 ⋯⋯ 067

武警——軍警不分 ⋯⋯ 069

公安——全國皆唐山 ⋯⋯ 070

「條條塊塊」——行政轄區以及央企 ⋯⋯ 071

7 大板塊的中國 ⋯⋯ 072

4 大直轄市——4 大「塊塊」 ⋯⋯ 081

5 個自治區、2 個特別行政區 ⋯⋯ 086

「條條」的另類諸侯：央企 ⋯⋯ 097

## 第 5 章 牆外國際變因 ⋯⋯ 101

美國的對中政策，是「切習保共」還是「切共保美」？ ⋯⋯ 105

民主台灣，成中共最大威脅 ⋯⋯ 107

日本與中國的恩怨情仇能否化解？ ⋯⋯ 109

扮演關鍵少數的朝鮮，如何決定中共命運？ ⋯⋯ 111

南韓人認為中共比朝鮮更危險？ ⋯⋯ 112

印度和中國的隱密戰爭：水資源爭奪 ⋯⋯ 113

中共喊話東南亞華僑，挑起政治敏感神經 ⋯⋯ 114

俄羅斯將成為拖垮中共財政的巨大窟窿 ⋯⋯ 120

歐盟如何看待中共的戰狼外交？ ⋯⋯ 121

英國再度過問印太事務，脫歐入美 ⋯⋯ 125

對中東資源的依賴，足以壓垮中共財政 ⋯⋯ 127

# 第 **6** 章　後中共的中國——變局全推演 …… 131

不作改變？小幅改變？
中等改變？還是「被大幅改變」？ …… 133
中共解體？會與不會的理由 …… 134
中共解體後，還有「中華人民共和國」嗎？ …… 139
不作改變——奉陪到底，加倍奉還 …… 141
小幅改變——虛晃一招，過關再說 …… 144
中等改變——沒有回頭路的政治改革 …… 146
大幅改變——由不得中共決定方向的天翻地覆 …… 148
全光譜的 10 種大幅改變 …… 150


# 第 **7** 章　中國重組的 9 大動力脈絡 …… 159

從「等雨線」看中國的重組 …… 161
從「秦嶺、淮河南北線」看中國的重組 …… 163
從「水系」看中國的重組 …… 165
從「行政管轄線」看中國的重組 …… 166
從「國際秩序線」看中國的重組 …… 166
從「華爾街線」看中國的重組 …… 169
從「人民江山觀」看中國的重組 …… 171

從「制度線」看中國的重組 ⋯⋯ 173

從「美國秩序」看中國的重組 ⋯⋯ 174


第 **8** 章　**台灣的「預策」** ⋯⋯ 179

台灣應該做的「政治對策」 ⋯⋯ 183

台灣應該做的「民防對策」 ⋯⋯ 188

台灣應該做的「經濟對策」 ⋯⋯ 204

台灣應該做的「國際對策」 ⋯⋯ 208

小幅改變——台灣「聽其言、觀其行」 ⋯⋯ 215

中等改變——台灣「牆頭草」將失去不做決斷的理由 ⋯⋯ 216

大幅改變——台灣可以怎麼做？應該怎麼做？ ⋯⋯ 219

明碼標價以避戰、止戰 ⋯⋯ 220

美國借名片論——Taiwan，還是 R.O.C.？ ⋯⋯ 222

台灣的對價，與「中華民國」或「台灣共和國」無關 ⋯⋯ 226

「方塊字圈」的文明燈塔 ⋯⋯ 230

《台灣基本法》——主體性兩步走 ⋯⋯ 233

第**9**章　請記住「住民自決」 …… 237

以「住民自決」應萬變 …… 239

毛澤東和普丁也支持住民自決！ …… 239

告中華人民共和國平民書 …… 241


**後記及致謝** …… 245

自序
# 開始想像「後中共的中國」


　　蘇聯共產黨 1991 年垮台，或稱解體，至今已經 31 年了。蘇共依然存在，只是再也沒有執政力量。蘇共垮台後短短幾年，由遺老葉利欽（Boris Yeltsin）掌權，然後就是年富力強的前蘇共中級官員、只做過市長及特務的普丁（Vladimir Putin）出線，當時也少人料到。

　　而今 30 餘年過去了，普丁總統換做總理，再換做總統，結結實實的用移花接木手法，避開了任期限制。然後在 2014 年，普丁入侵前蘇維埃聯邦後實質獨立了 23 年的烏克蘭克里米亞地區，打的是俄羅斯民族自決的口號，西方及烏克蘭都給予實質的接受，只是簽了一個《明斯克協議》（Minsk Agreement），告知不可再犯。

　　2022 年 2 月，普丁再度入侵烏克蘭與俄國接壤的東北地區——頓巴斯盆地，打的依然是「民族自決」口號，加上一條：西方違背了《明斯克協議》的內容。

　　31 年來，我們看盡了「後蘇共的俄國」，它的歷程、它的現狀，還有它對世界的影響，肯定和 1991 年至 1993 年間人們期待的不一樣。現今許多人的詮釋，坦白說，馬後炮居

多，一些當年信誓旦旦的預測，儘管正確，今天也沒人想再提。這都是人性，大浪淘沙，沙子自己不願承認被淘掉，反正也死無對證；後浪不耐煩的催促著前浪，你怎還在那囉哩囉嗦，你前浪不退，我後浪何以登陸？

今天 2022 年，你想過一個「後中共的中國」嗎？還是，你覺得時候還沒到，現在連想都不敢想？或者，你就是中國人，知道提出這個話題，中共會如何對你？或者，你身在美國、歐洲或日本，已經「潤」（英文「Run」的中文諧音，意即「出逃」）了，變成看戲人了？再或者，你和我一樣是台灣人，關心「後中共的中國」過程中台灣的安危，還有「後中共的台灣」長什麼樣？

意識決定行為，敢想決定意識。想都不想，就是意識薄弱，就是行為受限，換句話說，就不是自由人。想做自由人，就要開始想。想，總要有個起點，而本書就是個起點。不多，也不少，只是個起點。

邏輯上，「後中共的中國」預設了一個前提，就是「中共政權解體」。「解體」，就是骨架鬆散了，雖然距離「滅亡」還有一段距離，但是，如果中共政權不先「解體」，就談不上「後中共的中國」。但這邏輯關係，並不妨礙我們先行對「後中共的中國」做出探討。其中道理，正如即使人類還在開汽油車，但並不妨礙大家探討「後汽油車時代的交通」，又如在 1989 年蘇聯共產黨還存在的時候，先行探討

「後蘇共的俄國」一樣。

2022 年，中共政權的統治骨架在內因和外因雙邊夾擊之下，已經出現環環失靈的現象。此時此刻，正是探討「中共會不會解體」「中共解體後的中國長什麼樣」，以及「中華人民共和國還會不會存在」等問題的時刻。

正如 2008 年，美國金融海嘯的前幾年，就有人事前「嗅」到了趨勢的前兆，雖然美國政府、全球依賴美國金融吃飯的圈子，都駁斥其為聳人聽聞的言論，但會發生的事還是發生了。雖然之前沒人能準確預測「何時發生」（when），但倒是許多人對「如何導致」（how）的預測，事後證明就是那樣的。

即使在 2008 年金融海嘯已經啟動的狀況下，絕大多數華爾街的「專家」和「高管」，還是不敢想像事情會走到讓他們掉眼睛、掉下巴的地步。一切我們今天對 2008 年「金融海嘯」的理解，都來自各種「馬後炮」的回憶和詮釋。

因此，這不是一本「預測」的書，而僅僅是一本「嗅覺討論」的書。雖然只是嗅覺，但也是需要有基礎的。2008 年，正值北京奧運會盛大開幕、全球各國驚嘆不已、各企業加碼投資中國之際，我的嗅覺告訴我，三節火箭的動力已經用到第三節了，因此我決定收拾已經經營 16 年的公司。

這個退場的決定，花了我整整 4 年時間，才安排完對每位員工和每個客戶的責任。2013 年，從一些零散破碎的消息

和跡象中，我判斷習近平意圖執政 20 年。2015 年，我判斷 2018 年至 2022 年間世局會巨變。2019 年 12 月，我家中就備齊了 N95 口罩，因為我在北京市經歷過 2001 年的 SARS 疫情，而在 BBC 的一條小新聞中看到「10 月分武漢出現奇怪傳染病」的消息。我沒有「情報」，但是有對當下事態的判斷，以及對未來事態的嗅覺。

超前部署、有備無患，永遠不是一件壞事。2019 年，我在一場舉辦於台北、與日本民間政界合辦的座談會中，首度提出「世界應該開始探討後中共的中國」看法。2022 年 6 月 11 日，一位英國朋友轉傳一條他朋友給他的信息，內容如下：

從 2007 年開始，中國就開始踏上一條「借來的成長旅程」。現在看來，中國不過是一個超巨型的恆大集團（2022 年，瀕臨破產的全球最大地產集團），下場定如恆大集團，是不是時候有人開始討論中國的下場這件事了？

於是，我開始了這一場「嗅覺之旅」。

范疇
2022 年 7 月 5 日
於台北

# 第 1 章

# 定義 「後中共的中國」

「後中共的中國」，是至今為止很少人碰觸的一個問題。固然 30 年來，就一直有人在談中國崩潰論，但是，那是一個把中共等同於中國的視角。在這裡要先開宗明義，我們談的是「後中共」的中國，也不預設那時的「中國」含義上還是不是今天的中國。

為了方便大家理解，這裡做一個比方。1949 年之後的台灣，早期也是由國民黨一黨專政之下的政體。雖然國民黨的專制手段和統治文化，比起共產黨要柔性許多，但是一黨專政是確實的。

40 年前，一個人如果在大街上大喊「國民黨不等於台灣」，他會馬上被抓去坐牢。今天，你如果上街大喊國民黨不等於台灣，旁邊的人會用異樣的眼光看著你，以為你是從哪個山洞裡鑽出來的。同樣的，今天在台灣的大街上，如果你喊「民進黨不等於台灣」，你一點事都沒有。今天，「台灣」這兩個字的含義，遠遠豐富於過去的「台灣」，更不用說其老名「福爾摩沙」了。

為什麼中共就等於中國呢？僅僅是因為中共現在表面上似乎百分之百控制著中國人民的一言一行，中共就等於中國了？為什麼後中共的「中國」含義，就是今天「中國」的含義呢？不一定，歷史拉長來看，「歐洲」和「歐盟」的含義大不相同；用了上百年的「南斯拉夫」，今天也已成了歷史用語——世界是在演化的。

　　因此，我們應該開始想像，一個「後中共的中國」的可能模樣。這個想像，必須基於中國內部所真實存在的各種動力，包括政治動力、經濟動力、社會動力，同時也必須考慮國際上對於「中國」這個抽象概念所代表的意義下產生的各種動力。

## ▌概念定義及討論範圍

　　首先，我們來做一些定義，規範我們討論的範圍。中華人民共和國是一個大多數國家所承認的政治實體，大多數國家目前也默認中國共產黨代表中華人民共和國。

　　「中國」這個概念，是模糊的。人們有時用來表達「中華人民共和國」這個政治實體，有時用來表達某個地理區域，或有時用來表達某種文化傳統。

　　而「中國人」這個概念，就更模糊了。它有時是種族概念，有時是文化概念，有時是政治概念。因此我們在使用這個詞的時候，得特別小心，否則談問題會愈談愈混淆。

　　本書所謂的「後中共」，指的就是上文所描述的中共統治機器解體之後。在這個機器解體之前，都算中共時代，只有在它解體之後，才是後中共時代。

## ▌ 怎樣才算中共解體？

　　關於中共解體的分析角度很多，但我經過多年思考，收斂至一個終極指標：中共是個以權力骨架支撐的政權，而且權力骨架已經走到了末期，指標就是它的財政收支能力。所以，我們可以很簡單的以中共統治下各省各區的財政能力，作為其是否解體的判準。

　　2022 年，在各種國際形勢以及中國內部政治鬥爭之下，大概只有上海市、廣州市和廣東省等極少數地區，在財政上達到收支平衡，所有其他的省區市，都是入不敷出。中共的中央財政，也已經沒有辦法支撐地方的財政。改革開放以來，向香港學習的土地財政，以及向台灣學習的工業區進出口外貿財政，都走上了不同程度的崩壞。土地財政，由於竭澤而漁，肌肉及血管都已經壞死。工業區外貿財政，在美國圍堵以及國內疫情清零政策下，已經接近停擺。即使今天開始決定重新恢復，我判斷至少也需要 5 年的時間，而中共內部的政局，已經沒有穩定 5 年的時間了。

　　因此，一個政權的倒塌固然需要多方面的因素，但是中共這個政權，我們可以用其財政能力作為生死的指標，就像判斷一個人是否還活著，可以用是否還有神經反應作為指標一樣。

　　因此這裡對「後中共」下一個定義：當中共這個政黨，

把中國的財政弄到 80% 以上的省分、直轄市和自治區無法維持財政收支平衡的時候,並且狀況持續了 2 年,就能稱為「後中共」了。無論導致這個狀況的原因是戰爭、經濟,還是社會因素。

以上雖然提出了一個可量化的定義,但是事實上,它是難以測量的,因為中共官方不會提供真實的數據,一旦數據不好看,官方就「蓋牌」。因此,當看到「財政解體」時,多半是像看到「中風」一樣,前一分鐘人看起來還好好的,「突然」就不行了。我們必須記住這點!

這裡不排除「後中共的中國」以一種殭屍的型態存在,比如說與國際脫軌鎖國,人民吃草活著。如果是這種型態,所有中國內部的動力脈絡,以及國際動力脈絡,都會開始對我們稱為中國的這塊地方發生作用,而這些作用正是我們企圖去預見及分析的。

## ▊ 錢不夠用了,不可以印嗎?

有一位朋友,在經濟學領域是「小白」(單純如白紙者),曾問我一個問題:政府沒錢了,不是自己印就有了嗎?我不禁啞然失笑,告訴他一個故事。我另一位朋友老王曾是巨富,後來投資失敗沒錢了,有一天帶小學的兒子經過鞋店,孩子吵著一定要買櫥窗裡的那雙新款 Nike 球鞋,老王對

兒子說：「爸爸現在沒錢了，以後再買好不好？」兒子困惑的問他說：「爸爸，錢不是刷卡就有了嗎？」

說完了故事，似乎得先回答一個問題：為什麼財政上沒錢了 2 年，中共就一定解體？2008 年世界金融危機時，中共不是挺身而出超發了 4 兆人民幣，不但自己度過難關，還讓整個世界喘了一口氣？2008 年可行，為何這次就不行？又為何定義為「2 年」，而不是 5 年、10 年呢？

這就必須先簡單釐清「財政」「債務」和「外匯」三者之間的關係。

2008 年，中國的 GDP 是 4.6 兆美元，2021 年是 17.7 兆美元（兩時段人民幣對美元匯率差不多）；2008 年，中國的總債務是 GDP 的 140%，而 2021 年是 300%，相應債務額是 6.44 兆美元和 53 兆美元。這些數據應用到上述老王身上，就是老王在 2008 那年的國內外信用卡債務是身價的 1.4 倍，而到了 2021 年，老王的國內外信用卡債務是身價的 3 倍。

再看外債與外匯存底的關係。2008 年，中國的外債餘額為 0.375 兆美元，外匯存底為 1.95 兆美元。2021 年，中國的外債餘額為 2.75 兆美元，外匯存底為 3.25 兆美元。再以老王為例，2008 年，老王家裡有 1.95 兆美元的現金，只欠了村裡其他人 0.375 兆美元，而到了 2021 年，他家裡雖然有了 3.25 兆美元，卻欠了村裡其他人 2.75 兆美元。

還不只這樣，2022 年 3 月底，網易報導：「2021 年，中

國政府財政收入共計 111248 億元，財政支出 209862 億元，全國財政自給率 53.01%，新增財政赤字 98614 億元（均為人民幣，此數據與北京 2022 年 1 月底所發布的數據有差距）。」老王作為一家之主，他的年收入只有 111248 億人民幣，開銷卻有 209862 億人民幣，入不敷出比率達 53.01%。

以上的意思是：倘若 2022 年的狀況如 2021 年，老王床底下固然還有 5000 億美元的現金（3.25 兆減去 2.75 兆），但是卻無法應付 2022 年的虧損額 1.45 兆美元（98614 億人民幣／6.8〔匯率〕）。老王沒有辦法為兒子買 Nike 球鞋了！

是的，老王可以再申請一張信用卡（印鈔）苟延殘喘一陣子，但很快的，他的收入會連付利息都不夠，債主也會天天來敲門。或者，老王可以申請破產。老王和妻子的感情並不好，這兩條路線都會導致家庭解體！其實，現在妻子和兒子就已經在問他：「過去 30 年家人一起賺的錢，都到哪兒去了？」老王指著家裡的大理石地板和義大利家具說，不都買了東西給你們用嗎？」妻子打開櫥櫃，把過去 30 年的發票和收據都拿了出來，算盤一打後，問：「還有一半的錢呢？去哪兒了？」妻子這才知道，老王不但花天酒地，二奶小三成群，且已兒孫滿堂了。

這就是中共財政的現狀。恆大地產爆雷，累及上兆美元的資產，對中共之衝擊為何？碧桂園地產岌岌可危，又與中共財政何干？真實背景是中共財政的基礎乃「土地財政」，

中央和地方的主要財政收入大部分來自與房地產有關行業，其中官商勾結腐敗嚴重，僅看「中華人民共和國中央政府網」上的一個數字就知道梗概了：2021 年，地方政府性基金預算本級收入 93936 億元，同比增長 4.5%，其中，國有土地使用權出讓收入 87051 億元。這占比多少呢？ 92.67%。房地產垮了，中共財政及中國經濟就垮了。

錢，去哪兒了？當然，「基建狂魔」肯定花了不少，但你得像老王妻子一樣打打算盤。聽過「雁過拔毛」這句話嗎？說個真實故事：我曾經親問一位中國財經界的國師級人物：「據我推算，所有與國營企業、各級政府打交道的生意，『過水費』都要 30%，是嗎？」這位國師皺皺眉，笑了笑說：「老弟啊，天真了啊，30% ？開什麼玩笑！那哪兒夠？」

也曾有幸參加一場某院轄市某區長的會議，討論舉辦一場國際展覽的項目。當財務部交出一份預算表給區長參考時，區長看了一眼，把預算表丟回去，說：「2 億？你這讓我怎麼去跟發改委申請？回去！都加個 0，變成 20 億！」

當下，中共沒錢了。公務員減薪、各地設立「降薪辦」、老師重新回到 1980、90 年代的「白條時代」（薪水發不出來給欠條）、深圳公司出現「降薪競爭上崗」（員工自己開薪水數目，低者留任）、數千萬失業大學生、小企業復工就破產（因為供應鏈失調，復工而不能復產）、付不出貸款的法拍屋遍地開花、銀行限制取款，阻擾人民山國，上海

封城時被居民罵翻了的「大白」也上街遊行討薪了、深圳招臨時工每小時 5 元、蘇州好一些 7 元、各級地方官員躺平不做事。沒錢了，錢去哪了？這種財政狀況，我估計最多只需要持續 2 年，中共的施政骨架就要解體了。

# 第 2 章

# 錢沒了，
# 中共將因財政而解體

「中共會不會解體」這個問題，可以用一個比喻來想像，即 2001 年紐約世貿大廈（World Trade Center）因為一架飛機正好撞在某個樓層而坍塌。在此之前，世貿大廈的建築設計師以及世界上所有人都不知道，以那樣的力道、物體撞擊到那一層樓就會帶來結構性的後果，導致大廈傾倒。

中共是一部統治著 9600 萬平方公里、13 億 5000 萬人口的巨型機器，是一個一竿子插到底、且控制了每個層級和每個環節的行政機器。這麼龐大體量的機器，可能發生崩塌性的停擺嗎？

我認為是可能的，而且時間點愈來愈接近。這可以分由幾方面來看：一，組成這部統治機器的最核心原理是什麼？這是一個我們首先必須追問的問題。以我多年來的觀察及思考，這個原理就是以權力為主導、貫穿一切社會組織及人的一切行為。換言之，就是我多年來反覆強調的「權本主義」（Powerism）。所以，「權力」本身就是中共這座大廈的結構脆弱處。中共是靠著對權力的集中掌控來運作這部國家機器的，不像資本主義國家、市場經濟國家如美國，基本上以權力的分散及制衡作為維護國體和政體的基本架構。而中共機器的基本架構，是以權力集中為本。

我們可以問一個問題：如果美國的總統明天被刺殺了，美國的政治體制會怎麼應付，美國的國家安全及社會安全會

受到多大的衝擊？如果發生在中國呢？如果中共的領導人被刺殺了，對中華人民共和國這個國家、中國這個地理區域內所承載的社會，將會發生多大的衝擊？只要對比這一點，我們就知道什麼叫做制度性的差異。

因此，中共的解體，一定是當其結構骨架最脆弱的那個環節，受到衝擊的結果。許多人認為中共的解體會基於偶發事件或單一事件，也有人認為那會是必然發生的。不論是偶發還是必然，那一定發生在其權力骨架的脆弱點上。

我們再進一步問，這個權力骨架的脆弱點在哪裡呢？

回答問題之前，我們再回到紐約世貿雙子塔坍塌的這個隱喻。在它被飛機撞到特定樓層導致結構應力失效的事實發生之前，人們可以舉出一萬條理由來證明雙子塔絕不可能坍塌，從土木工程科學論證的結構強度、到地質學的紐約曼哈頓地區無地震、到流體力學的抗風性、到爆炸力學的單點爆破無法生成整棟大廈坍塌、到保安系統的……

其實，同樣的嚴謹論證在歷史上已經發生過，那就是1912 年 4 月 10 日鐵達尼號從英國南安普頓港口（Port of Southampton）啟航時，沒人知道這艘船的某個特定點出現破口後，就會帶來整體系統性的毀滅。事實上，這艘船的總設計師也信心十足的搭上了船。不幸的是，後來這艘史上最大且最堅實的巨輪，「恰巧」擦撞到飄移的冰山。當時，船長和高級領航員在深夜休息，值班水手也「恰巧」放鬆了幾分

鐘，致使轉向的警示耽誤了幾分鐘，隨後船身的那個死穴部分「恰巧」撞上了冰山。緊接著的是系統性連環作用，整艘巨輪就在 2 至 3 小時「不可思議的短時間內」斷成兩半，最終沉入海底。

由於船長對這艘船很有信心，也對自身航行這條航道的經驗充滿信心，他在啟航前下令減少一半救生艇，以搭載更多的頭等艙、二等艙和三等艙乘客，尤其是頭等艙的世界名流乘客。

如果紐約世貿大廈和鐵達尼號的例子太遙遠，看看 2022 年，俄國旗艦莫斯科號在黑海被烏克蘭軍以兩枚普通、老掉牙的小飛彈擊沉的事件。世人普遍的馬後炮結論是：該艘旗艦本來就是由烏克蘭工程師所造，他們知道應力脆弱點在哪，也就是蛇的七吋所在，四兩可撥千斤。

紐約世貿、鐵達尼號、莫斯科號，可以歸納出一個結論：一個脆弱點，加上流動性質的力量（應力傳導、水），可以導致堅不可摧的體量，在系統性的傳導下，以出人意外的速度解體。

## ▍財政解體的定義

現在，我們來回答問題。財政結構，就是中共集權統治的脆弱點，而錢的財務流轉，就是流動性的傳導應力。

　　「財政」是個現代經濟、現代國家的體系性觀念，中國的古老王朝，只有「度支」和「歲入歲出」等簡單概念。在傳統統治體制下，地方秩序有地方鄉紳、長老、家族來予以維持，朝廷命官基本上只負責地方不出大事，還有處理跨地方之事。

　　因此，如今日中共中央集權貫穿全國大小地方的稅收和支出，收入集中中央然後再「統籌分配」的計畫經濟機制，對中國統治方來說還屬於新鮮事物，一方面藉諸當年蘇共之共產體制，另方面求諸秦代前後的法家「商鞅之術」，再加上改革開放後，由西方學習來的財務技能，乃形成現今這一套不三不四、矛盾多端的財政體制，跌跌撞撞的走到今天。其間，各級官僚「雁過拔毛」的自肥習性，以及後生的「民營企業」與權貴家族的「分潤分贓」各種路數，使得現代國家的「財政體系」窒礙難行。

　　事實上，稱呼其為「財政」，也是一個不得已的說法，因為它是一個雜交的妖怪體制，其實值得研究者為這個「新物種」命名。本書用了「財政」一詞，實在是不得已之舉，望讀者明察，並期待日後有高手能夠以生物學、經濟學的語境予以正名。

　　中共治下的中國，經濟體排名已經是世界第二，這點無人否認。反共甚至倡議滅共者，也都無法反駁諸如「瘦死的駱駝比馬大」「百足之蟲死而不僵」之類的道理。

　　武力上，中共在迅速累積噸位及技術。狂造核彈頭、能打衛星、能發洲際導彈、造軍艦像下餃子一樣。若它穩重一點，不在六塊肌完全成型之前就忙著脫衣秀肌肉，搞不好再給它 10 年，它真能造就一段時間的霸業。

　　但中共等不及。等不及的壓力不是別人施加於它的，因為全世界的「別人」，包含當前還是世界霸主的美國，自身都也問題重重，忙著解決自身的問題都還嫌時間不夠用。

　　等不及的壓力，來自中共自身內部，或說是集權體制的必然。30 餘年來，它搭上「美國秩序」（Pax Americana）的便車，以幾乎半價的收費、滿臉堆笑的在車上向其他乘客送水倒茶賣點心，著實為自己博得了名聲及財富。

　　中共能夠半價博市場，是因為其集權體制使得它可以「割韭菜」，補貼出口企業、養育高級牲畜般的企業家。十幾億的韭菜，經濟學上稱為「人口紅利」，馬克思學上稱為「剩餘勞動力」，社會學上稱為「低人權優勢」。但市井小民、販夫走卒對自身處境的直覺最接地氣，那就是「韭菜」——耐旱耐寒、每周都可長三吋，周周、月月、年年都可割。

　　這樣的狀況得以持續 30 年，靠的是中共的統治結構——中國特色的權力集中骨架，即以暴力威嚇為基礎，橫向的網格化威權管控，綜向的一竿子插到底的威權指令。當這部黨營機器運作有效時，中共可以「舉全國之力」指哪打哪。中

共近年來發跡的過程，可以總結為一句話：以無知的順民韭菜為底氣，以抱有幻想的中層菁英為工具，實現權力高層的千秋大夢。

## ▌過去錢從哪裡來？

這種集權骨架下的奇跡，需要一個絕對不可缺的條件：此部機器的運轉需要金錢作為潤滑劑。錢夠，機器就動；錢不夠，機器就躺平；沒錢機器就停擺。這部機器骨架的每個動作和每個環節，都需要錢的潤滑——行政指令系統需要，企業生產系統需要，政治博弈需要，是的，軍隊武力系統也需要。

來錢的渠道不能斷，斷了中共就停擺。中共內部有一派，也就是鄧小平遺產下的所謂「改革開放派」，懂得這個道理。但中共內部還有一派，也就是毛澤東遺產的「鬥爭為綱、和尚打傘無法無天派」，不懂得這道理。

改革開放初期的來錢方式，可以簡單歸納出三條路線：（1）以地緣戰略的抗蘇地位誘惑美國，使美國開放美國秩序給中共搭便車；（2）以現成的香港世界金融中心機能為體外葉克膜（ECMO）；（3）誘引台灣已經成熟的工業集群知識經驗入甕。

改革開放中期的來錢方式，也可歸納出三條路線：（1）

以剛剛啟動的龐大內需市場，吸引美歐日本來投資；（2）以明裡暗裡的分潤機制，誘引華爾街狼狽為奸；（3）抄襲香港的土地財政，以瘋狂擴張政府財政收入。

初期、中期的「有奶便是娘」來錢路數之成功，中共不計後果的「舉國辦大事」的揮霍，過程中累積了無數惡果，造成日後大地震的變因。

割韭菜割到了根，韭菜就枯萎了。忽悠社會菁英為前鋒工具，菁英成氣候就想脫離軌道自立門戶了。權力高層在做千秋大夢時，並沒忘記這種體制事實上是不可持續的，尤其是見過世面的權二代，則以瘋狂斂財準備來日跳船。

2008 年，在中國創業並經營了 16 年之後，在當時如日中天的北京奧運會當下，我意識到事情不對了，就著手準備「潤」（run）了。過程整整花了 4 年，在安排好每位員工的出路後，才結束公司，搬家離開北京。在開往北京機場的路上，恰巧收聽了當時總理溫家寶的國際記者會實況轉播，他一直不肯結束記者會，直到外國記者問出有關薄熙來的問題，他說出「黨內一定會嚴肅處理薄熙來」這句話，才讓記者會結束。那一刻，我知道我的「潤想」是正確的。

但返回台灣後接下來的幾年中，很少人相信我的「潤想」是正確的，直到 2020 年前後。如今 2022 年，中共內鬥之險惡程度超過 2012 年，上次還有西方熊貓派之支撐，現在連熊貓派都已經無利可圖了，

## ▌2012 年，是中共政權的轉折點

回到正題，從結構解體的視角看，2012 年是中共改革開放的轉折點、中共命運的拐點。但明顯的讓世人感受到這個點，卻要等到大約 2015 年至 2016 年間。原因無他，正是前文說過的，人們普遍相信「瘦死的駱駝比馬大」「百足之蟲死而不僵」之心理效應。而今 2022 年，還陷在這種看法下的人，只能說是他感應遲鈍，或還有利益瓜葛而不得不自我安慰。過渡期已經在 2012 年至 2022 年這 10 年間耗盡，接下來沒有過渡期了。

中共改革開放的最末期，始於 2012 年，並已經在 2020 年結束，主要徵兆就是「錢沒了」。而錢沒了的主要證據，就是全國只有上海、廣州和廣東省等極少數地方政府財政上還有盈餘，其他所有省市的財政負數都高達三成至五成；若降到縣、鎮級別，虧空達到七成是常態。

如前所述，中共這部集權機器的骨架，「錢夠，機器就動；錢不夠，機器就躺平；沒錢機器就停擺」，現在錢沒了。撰寫本書的當下，許多人雖然也懂得這個道理，但是還在寄望拐點再度出現。例如，2022 年底中共二十大時「習下李上」（習近平退位、李克強上位）。

這裡必須點出的是，以中共政體現在的缺錢程度，以及經濟機器的損毀程度，即使改革開放派重啟爐灶，恢復火力

至少也需要 5 年時間，但是以當前的國際環境和中國內部的人心狀態，已經不容許這 5 年時間了。此時此刻，除非依然是世界秩序主宰者的美國出手，以類似二戰後對歐洲馬歇爾計畫以及扶植蘇聯的力度，扶持中共搖搖欲墜的財政骨架，否則中共內部啟動的任何回頭動作，都是緩不濟急。

　　然而我們知道，在 2022 年的當下，美國自身無論在內政還是外政上，都已問題重重，即使有心也是無力。當然，世事難料，中共如果及時祭出美國難以拒絕的交換條件，或者接受美國提出的改革條件，或許就可改變歷史走向。

## ▌來自中共元老院的訊息

　　2022 年 6 月底，網路上出現一段來自中共元老院的語音訊息，根據其內容之翔實以及我的嗅覺判斷，這是一段真實的心聲，並且很宏觀且扼要的描述了中共當下的經濟、金融和財政實況。簡要引述如下，供各位參考（若有內容誤會之處，由我本人來擔責）：

　　……中國的財政金融領域，自朱鎔基改革時代以來，本來都是基於西方經驗，由所謂的「五道口金融學院」（清華大學在北京五道口地區）制定政策。這些人把持了關鍵崗位，如朱鎔基、溫家寶、馬凱、王岐山、李克強等人。雖然也有

一些大水漫灌超量發行 M2[1]，但是過去中國金融基礎夠龐
大，加上龐大的地產經濟起到了作為超發貨幣的蓄水池作
用，財政支出雖高，但貨幣回籠比例也高，再加上強勁出口
以及強勁的基礎建設，收益也有實實在在的增長，所以一直
以來通貨膨脹衝擊並不十分強烈。總之一句話，雖然真實財
政收入不高，但還是有盈餘；雖然剝奪民財，但還是大致守
著一個避免惡性通脹的底線，沒有通過粗暴的財政貨幣政
策，澈底掠奪社會財富以沖抵政府開支的需要。

當年金融系統的危機雖早已出現且不可避免，只是與當
前的集權政府（指習近平政權）相比，還能用（西方）民主
政府所不具備的強力干預手段和各種資源政策調動的能量，
人為短期壓制危機，使其暫時沒有大範圍爆發。但是，問題
的根本沒有得到解決，只是得到延緩，若一直往下拖，壓力
將會愈來愈大。

如今，此壓力蔓延到政體經濟的危機已經是無可避免，
加上中美貿易戰、外資不增長反而撤退，疫情的衝擊，更加
累積了危機爆發的動能。

現在（習近平）應對這種危機甚至即將崩潰的短期手

---

1 廣義貨幣供給量，指交易貨幣（M1，即社會流通貨幣總量加上活期存款）加上居
民儲蓄存款、企業定期存款、外幣存款、信託類存款以及其他存款。它包括了一切
可能成為現實購買力的貨幣形式，通常反映的是市場資金總需求量的變化和未來通
貨膨脹的壓力狀況。

段，就是計畫經濟，但誰都清楚這是一杯毒酒。新冠疫情的發生為習近平掩蓋了經濟失敗和中美貿易戰的應對失誤，澈底提供了極佳的掩飾手段。習近平用加強疫情管制為藉口，看到了澈底社會控制、國家壟斷一切的現實可能。他搞了一帶一路金援外交，現在俄國也需要中國的錢，搞共同富裕收買人心更需要錢，強化暴力統治工具也需要錢。

　　過去他（習近平）在金融業領域前幾年，沒敢用太大的動作，是怕金融危機立刻爆發失控，現在已經到了他怕不怕都要發生的階段。目前會刺激危機加速爆發的因素有以下幾個方面：

- 對政治、財政、經濟的全面奪權，換上聽他話的奴才。
- 把危機責任推給政治對手，順勢打倒批鬥他的人。
- 加強對全體社會資源的掌控，尤其是貨幣政策和金融手段。
- 以更大力度的計畫經濟和貨幣不受限制的發行，應對眼前金融危機的爆發，通過濫發貨幣這種兌水的財政手段，為所有金融機構的壞帳買單。一方面實現對金融機構的加強控制；另一方面，借機以國有企業收購民營企業來實現政府的全面控制。基本上，這是殺雞取卵全民買單、洗劫幾十年改革開放的成果。
- 在嚴重的通貨膨脹背景下，借機壟斷必要的民生資源

分配，全由政府統一調配，拿出其中一小部分保障低收入階層的基本生存物資，換取他們的感恩，再給他們一個共同富裕的假象。

- 對改革成果毀於一旦毫無憐惜之心，中國經濟從此萬劫不復，人民再一次過上文革生活。這與一個一心關起門來當皇帝的小丑有何不同？

朝鮮國的金三胖都能歌照唱、舞照跳，幸福無邊、傳承永遠。中國的家底更厚，他認為還可以再撐一時半會。習近平想要這樣幹，也會這樣去幹，雖然他不敢這樣表達出來，我們可以提前幫他講出來，搓破他的政策陰謀……

……（2022 年 6 月初爆炸的）村鎮銀行存戶取不到錢不算什麼，農村信用社、城市銀行、農商行之類的銀行，大面積的壞帳危機已經迫在眉睫，必須靠財政注資或者大型的國有銀行兼併重組，而這個規模是驚人的。單單只靠政府向社會資本發債是兜不住底的，國有銀行自己也面臨類似困難。

更大的問題出在保險領域，比銀行更爛的管理機器更混亂，很多保費都被侵吞，甚至都沒有被記帳，內部高階管理人員把保險費收到自己腰包，或者被實際控制人落袋，或者被亂投資虧損不惜。多年期的養老保險、保底保險和投資型保險單，保險領域根本沒有兌付能力，這等於是更大規模的龐氏騙局。

　　所以，如果不能扭轉經濟頹勢，只靠央行亂發貨幣購買政府債券來實現，就是對有產階級的民營企業進行無差別洗劫。

　　而這政府加強計畫經濟的政治需要，早期的做大做強國企也是其中一部分的策略，都只是控制社會、抓所有物質分配的政治經濟手段。

　　最終的博弈要靠中共的高層來完成，民心只是基礎，習派輕視了中共體制內的健康力量，你們大家都知道習近平加速一定會翻車，中共的大佬們不會比你們愚蠢，讓大家一起翻車。這些人（大佬）一定會站出來阻止習近平換方向。中共黨內元老不會跟著習近平一起陪葬，一定會採取措施跟行動，他們一直在串聯策畫和行動。

　　這段來自元老院的訊息，事實描述的部分，我完全同意，但是對其背後的「價值觀」，則予以保留。因為，它只是共產黨內一種「救急存亡」的吶喊，而不知中共集權骨架才是問題根本所在，連本書後文所定義的「小幅改變」的邊都沾不上，本質上還停留在換湯不換藥、「不作改變」的範疇內，或者說，這是一種黨內路線鬥爭的反映，未脫鄧小平的「韜光養晦」格局。

# ▌習近平的加速期

中共集權統治的骨架，歷經了三個階段。初期以暴力支撐，中期以財政支撐，到了當下，藉以統治的財政收支能力已達臨界點。

前期，一直到鄧小平過世，維護權力的核心方式都是暴力。1989年6月4日天安門事件，代表了一個明顯的分水嶺，由暴力轉向財政力。2012年習近平上任後，第三階段開始顯現，統治骨架的支撐點由財政力又逐步回到暴力。

天安門學運中，鄧小平拍板送軍隊進北京維穩演變為開槍殺人，事後的衝擊力道，令中共意識到國內維穩鎮壓不能用軍隊，其對民心以及國際視聽的影響後座力太大，因此在天安門事件之後成立了武警部隊，也就是改以武裝警察維護內部統治。

但是我們可以看到，2022年6月12日，習近平以軍委主席身分發表了一項軍委令——非戰爭軍事行動準則令。這個動作，有對內對外的意義。但可看到，習近平所面臨的統治安全，或者說他個人的政治地位安全，已經不是單單武警就可以應付的了，必須隨時動用正規部隊。習近平知道，當「錢」（財政）的政治、社會潤滑作用走到盡頭時，剩下的就是暴力了。經濟被砸爛使得中國沒錢這件事，究竟起因於他的奪權策略，還是大勢所至？這問題留待後面章節來分析。

1989 年 6 月 4 日天安門事件，是自 70 年代末期改革開放以來的一次分水嶺。元老們定調──改革開放的路線不能變。

鄧小平死後，江澤民基本上把鄧小平的「讓一部分人先富起來」這個路線，退化詮釋成「悶聲發大財」；中共的權力骨架，也由原來的與武裝力量相映射，逐步形成與財政力量、金融力量相映射的局面。

中共權力架構的要素順序，從原來的「槍桿子」第一、「筆桿子」第二，增加了「銀根子」這個要素，形成「人人向錢看」，也就是「銀根子掛帥」這個中共自創黨以來，沒有發生過的局面。

習近平的接班統治過程，大致上的順序是，先搶筆桿子、再爭槍桿子、最後收拾銀根子。在他本人的意識形態以及個性、經驗、能力的局限下，將中共機器統治下的中國，搞成今天這個尾大不掉的局面。

公平的說，習近平接手的，是個已經半爛尾的樓盤。早在習近平接班前，胡溫時代的溫家寶就明白的公開指出，如果政治不作變革，所有過去的經濟改革成果都會得而復失，導致亡黨亡國。

換句話說，鄧小平賴皮的把問題丟給下一代：一部分的人富起來了之後怎麼辦？溫家寶以及其他許多看見問題但權力不夠的人，指出了問題其實就是：當一部分人已經富起來的時候，必須得改革政治權力結構，否則難以為繼。

　　而中共另外一股力量，也就是今天我們看到的支持習近平意識形態的那股力量，認為中國有自己的道統：中國只有走自己的路才行。

　　對他們而言，鄧小平所提出的改革開放路線、讓一部分人以及部分地區先富起來的路線，已經走到氣數盡頭了，再不回到權力集中的老路，那才會真正的亡黨亡國。

　　我們今天看到中國各種光怪陸離的現象，從政府財政到社會問題，都反射出中共這個以權力為骨架的幫派式組織，在路線的反反覆覆下，已經很接近解體的臨界點了。

# 第 3 章

# 中共 「異形」 的
# 前世今生

# ▋獨立？統一？還是共產國際？

　　中共於 1921 年建黨，1949 年執政。在建黨與執政之間的大時代下，正如其競爭對手國民黨或蘇聯大哥共產黨，中共的意識形態、策略和權力格局都像風中的樹木般左搖右擺。

　　1920 年 9 月，毛澤東在加入中國共產黨之前，在《大公報》長沙版發表〈湖南建設問題的根本問題 —— 湖南共和國〉一文，主張將中國分裂為 27 個國家。這份歷史文件對本書的主題太重要了，因此引述如下：

　　中國呢？也覺醒了（除開政客官僚、軍閥），9 年假共和大戰亂的經驗，迫人不得不覺醒，知道全國的總建設在一個期內完全無望，最好辦法，是索性不謀總建設，索性分裂去謀各省的分建設，實行「各省人民自決主義」22 行省、3 特區、2 藩地，合共 27 個地方，最好分為 27 國。

　　湖南呢？至於我們湖南，尤其 3000 萬人個個應該覺醒了。湖南人沒有別的法子，唯一的法子，是湖南自決自治，是湖南人在湖南地域建設一個「湖南共和國」。我曾著實想過，救湖南救中國，圖與全世界解放的民族攜手，均非這樣不行，湖南人沒有把湖南自建為國的決心和勇氣，湖南終究是沒辦法。

　　隨後在困難時期，中共落戶江西，自封為「中華蘇維埃」，也就是蘇共的一個分支機構。只有在國共合作之後，中共的文人才開始抄襲南方國民政府的大中華主義，也就是中華民族五族共和那一套意識形態。中華主義，源自梁啟超、章太炎等人和日本文人交流後，所形成的概念，首次見諸文字是在 1909 年。

　　中共深陷大中華主義，可以從一個歷史事實看出來。在 1949 年 10 月 1 日建國日之前，以毛澤東為首的黨內文人，都還在辯論，究竟是應該把國家名稱改為「中華人民共和國」，還是維持「中華民國」不變？這事實揭露了中共其實是深諳道統的力量。最後中共選擇建立新的國家名稱，原因之一可能是為了嫁接蘇聯的共產國際體系吧！

　　中共政權把國民政府政權趕到台灣後，在 1949 年建國，一方面採用大中華主義來合理化其政權的邊界，另方面同時採用蘇聯共產黨的共產國際概念，以向世界合理化其政權的性質及邊界。這兩套意識形態，如何同床異夢的往下發展，在後面章節會談到。

　　這裡我們只需先注意到，中共這個團體是個異形，其掌權後所發展出的各種光怪陸離、匪夷所思的現象，都與它是雜交異形這本質有關。

　　早期的中共由毛澤東掛帥，有一定的必然性。一幫從來沒有治理過國家、從槍桿子出政權的傢伙，急需體制上的建

設。而毛澤東這位過去一輩子沒有出過國的人，腦子裡想的是千古一帝。他鬥倒了所有具備思想能力的同夥之後，最了解中國歷史以及帝王治術的人就是他了。

也不能說他完全不理解世界，至少他能夠接收到身邊文人對馬列主義中鬥爭思維的提煉，並與他所理解的傳統朝代帝王術還有陰陽辯證式思維，兩相結合起來。

毛澤東的代表能力，就是他能以文鬥挑起武鬥，藉以保住自己權位。他的作品中最成功也是最血腥的，就是文化大革命。文革掃蕩了所有傳統儒家遺留下來的溫良恭儉讓，澈底將人際關係導入零合（zero-sum）的人鬥人、人吃人的地步。這點，如果沒有在所謂的中國長期生活過，是難以體會的。文革經驗已深入肌理，以至於包括中國稍微富裕起來之後的 80 後、90 後世代，都在意識及行為中，存在濃厚的文革病毒，只要外在環境溫度稍加挑撥，就能激發出來。

一般人歸功於鄧小平的改革開放，事實上是　群中共元老在毛澤東終於死掉之後的集體共識。他們認為，人民不可能再忍受貧窮與落後了。

其實，1970 年代末期所展開的所謂改革開放，不過是 1949 年建國時期，一群非毛派想法的復刻版罷了。從這意義上說，中共在原地踏步上花了 30 年，1979 年重新回到 1949 年。然而實質上，經過了文革這一代，中國社會已經沒有辦法真正回到 1949 年了。這從習近平執政後所發生的現象，可

以證明。但這是後話。

改革開放時期，我稱之為「鄧氏約法」時期。「鄧氏約法」的核心其實就是很簡單的一條：人民放棄政治權利，以換取財富自由。就這麼簡單一條公式，就把中國的整體財富，在 30 年間提高了 100 倍也不只。但是，30 年下來證明了，一個放棄政治權力的社會，財富是不可能持續增長的。

很多人說習近平是毛澤東思想的復辟，這比喻比較粗糙。習近平其實只是一個搭上便車但德不配位的人物。他的最基本錯誤，就是推翻了「鄧氏約法」，既不給人民政治自由，也不給人民財富自由。中共的權本主義本質，如同前文所分析，遲早是要翻車的，但是習近平的出現，加快了車子的翻覆，因此人們稱他為「總加速師」──是完全正確的。

## ▌中南海學──商鞅大過馬克思的學問

西方世界所犯的最大錯誤，就是把「中共」類比於「蘇共」，而把中南海內的思維模式歸於「共產主義」的範疇。殊不知對中南海而言，「共產主義」也是「西學」，是拿來「用」的，這包括了抄襲並青出於藍的蘇共「黨幹部體制」（nomenklatura）。中南海的「體」，也就是核心的精神，其實是「王朝統御」和「宮廷政治」的中國法家之術。

西方研究蘇共的學問叫做「克里姆林宮學」

（Kremlinology）。今天，也應該有一門學問叫做「中南海學」（ZhongNanHaism），但是西方一直沒把這門學問當一回事，直到最近幾年，西方才察覺中共是個「異形」。

中共內的思想家老早就把中國歷史中的「造反術」如梁山泊的游擊騷擾戰，和蘇共的「鬥爭為綱」「組織戰」和「統戰洗腦」融合成了一體。接著，熟讀歷史和古書的毛澤東，在建國之後又把中國幾千年固有的「宮廷統御」和「陰陽相依」，融入了中共的體制思維。對西方人來講，要了解這樣一個胎兒，其困難度不亞於要求大清朝的儒生去理解柏拉圖、亞里斯多德、牛頓和洛克。難怪西方出不了「中南海學」。

「中南海學」駁雜深奧，看不懂的人恐怕永遠也看不懂。共產主義、民族主義、國家主義，乃至市場經濟、科技主義和船堅砲利，對中南海而言，都是工具，都只是拿來用的「西學」，而不是思維的主體。主體是什麼呢？就是以自己為核心，建立一個萬世萬代的王朝。這種主體思維，可以用一句中國古訓清楚的表述：修身、齊家、治國、平天下。

請各位注意其中的幽微性：修身是鍛鍊自己的心智，齊家是擺平利害相關者，治國是讓隸屬於自己的人民安於生產而不亂，平天下是讓萬邦服氣而不挑戰自己。這一套思維的核心作用點是個人自己，而不是外在的「人民」（百姓），也不是「國家」，更不是「天下」。但由於要「齊家」，因

而需要宮廷政治；要「治國」，因而需要統御之術；要「平天下」，因而需要一套對外關係的模式。

今天，中國與西方世界的衝突，其本質並不是蘇聯式的共產主義與資本主義的衝突，而是中國傳統王朝下陰陽家、法家、術家、兵家思維模式，與西方的宗教有神論、人世法律治理、權力制衡傳統之間的衝突。2000 多年來至今，儒、道、法三種思想並不是平起平坐的。現實中，一直是法家思路披著儒、道的外衣，以統御農民思維的人民。文謅一點講，中國傳統的統御術，可描述為「以法（家）為體，以儒、道為用」。

這件事實到了中共建朝時並未改變，只是「為用」的工具與時俱進。毛澤東時期，用的是列寧共產主義；鄧小平後的改革開放，用的則是西方技術和經濟通路。到了習近平的前後，一度試圖引入孔孟，行不通之後又返復到毛路線，形成一種「口稱聖賢，舉毛澤東的旗幟走習近平的路」的怪異舞步。

以法家統御思維為主體的中共，自然必須專精於「術」。「術」這個字，涵蓋了一切從自己的利益出發，用來控制、影響一切相關要素的技能，從政治、經濟、文化、到社會治理、人民思想無所不包。一言蔽之，就是「術為法之用，法為術之體」。

術有軟硬，硬的，就是威脅；軟的，就是統戰。此處以

軟術為例。在控制、影響人們思想這個目的上，「術」的實施方式稱為統戰，其內涵就是：通過無底線的一切手段，控制及影響人們的思維模式，使其三觀（價值觀、人生觀、世界觀）逐步趨向於符合本方的利益，並做出相應的行為。

統戰絕對不是硬梆梆的教條，而是根據對象的處境和心境，針對具體問題作具體分析，並設計出因人而異、因事而異的變化球。人們看不懂習近平當政之後的政策起起伏伏、軟硬兼施，關鍵就在這裡。

▶▶▶ 圖一：中南海學線上看

## ▌脫序的越野車駕駛

如同你我，習近平是個血肉之軀，有七情六欲，也有個性。他受限於教育和經驗水平，若為平民，實在也無需苛責，更談不上美化或醜化。

他的不幸在於，歷史作弄了他，把他放到了一個智慧所

不及的位置，而這個位置於他所在的政治系統中，又是一個山地越野車駕駛員的位置，而那本來就是一輛注定要傾覆於谷底的越野車。他的視野不足，方向盤亂打，油門猛踩，加速了傾覆的時刻。

## ▌中共錯過的唯一好機會

若講真正的好機會，就是 1979 年美國聯手中共制約蘇共之後的 12 年間。蘇聯於 1991 年解體之後，雖然中共充分利用其後 20 餘年的「三不管」機遇以累積實力，但這段鄧小平所謂的韜光養晦 20 餘年，其實是澈底剷除了中共改邪歸正的機會。倘若在上述的「12 年機會」期間，中共做了如同後來越南共產黨所做的政治改革，或者如今天哈薩克斯坦在俄烏戰爭中，所斷然做出的憲法公投改革，其後的中共就有可能「一魚兩吃」——既享受美國所給予的國際經濟接軌的機會，又同時走上至少如今天越南的開明專制境況。

俱往矣！馬後炮都是廢話。鄧小平大概是中共掌權人中最後一位懂得「富貴不能淫」道理的領導人。江澤民對「韜光養晦」境界的理解頂多就到「悶聲發大財」的地步，說難聽點，這大概就是上海人（上海幫）所能觸及的最高境界了。

就這樣，中共這個本質專制、以統戰為用、以暴力為本的幫派團體，主動放棄其歷史上唯一一次改邪歸正的機會，

把世界提供給它的豬油蒙上了雙眼，持續其由上至下一條鞭的威權管控以及利益尋租之統治機制，一直走到了胡溫時期，溫家寶公開承認「擊鼓傳花、亡黨亡國」的地步。

## ▍拒絕正道，畢竟非男兒

2012 年中共十八大，習近平的出線，乃不知悔改的元老院的妥協結果。關於此間玄妙，知者已多有論述，此處不贅。該時刻的新任領導人，可以選擇繼續「擊鼓傳花」或奮力一搏。習本人尚未就任前，就在外訪時發出「竟無一人是男兒」豪語，明示了他將選擇奮力一搏。

雖然熟稔共產黨內鬥爭路數，但他的見識及德性都極為有限，完全無法超脫毛氏文革之格局，毫無現代性的感知。若說他是一名僅具粗躁信仰能力的鄉夫，肯定會惹怒他，但這說法距離事實不遠。觀其掌權 10 年之作為，用「暴虎馮河」這句成語形容，恐怕只是剛好而已。

走筆至此，想想還是得交代一段個人經驗：2013 年，憑著零碎的信息及嗅覺，我預測習近平打算執政 20 年，聽其言、觀其行 2 年之後，在我所著的《與習近平聊聊台灣和中國》一書中，預判習近平將致力打破黨內的 10 年任期制，而尋求連任 20 年。這判斷在當時算是聳人聽聞，東西方都沒人相信。

　　該書詳細預告了他可能進行 ABCD 步驟，並提出 ABCD 必須以 XYZ 政策為前提，否則必是災難。此外，也細述了一個獨立的台灣，才是對中國命運有益的正道。

　　然而，之後的幾年，他在拒絕 XYZ 前提政策下，直接實施了 ABCD，拒絕正道，走上了最糟的政治道路，猶如一名應該先穿上合規裝備才進場搏鬥的拳擊手，直接就裸身上場，試圖以秀肌肉取勝。

　　而今中共二十大將近，擁習派與反習派鬥爭已經進入白刃肉搏階段，習近平的最佳下場，也將是該書中所描繪的慘勝，回到 2012 年十八大前溫家寶所說的「亡黨亡國」處境。何況，他也有可能撐不到最後一局。

　　習近平命運的決定性時段，始於惡搞香港，繼而惡搞經濟，終於惡搞病毒清零。三個惡搞後，他已跨過了幽明兩界分際的奈何橋，飲下了孟婆湯。

　　在二十大前後的所剩餘權力生命中，他是否會選擇「攬炒」政敵，甚至攬炒中國及鄰國，困獸一搏，世界正在密切關注。

　　2021 年 1 月 30 日，我在〈倘若台灣遇上一場有限戰爭〉一文中說：「共方知道在台海製造事端的最壞結果，那就是事態升級導致自己的毀滅。因此，合理的推論是，若政治上決定製造事端，一定會避免當年韓戰你死我活的模式，而會希望控制在一場有限戰爭內，諸如當年對蘇聯的珍寶島事

件、對越南的淺嘗即止路線。政治上，共方會畫出一條底線、一個目的。底線是不至於引起美方對共方的全面出擊；目的是能夠達到壓制內部權位競爭者氣焰，以及轉移社會人心的壓力。」當然，這類的「圍魏救趙」之計，也可能實施在南海、東海。

　　若用一段話形容習近平的過去、現在和將來，我會用：一個心智定格在過去、現代知識不足、陷入由集權轉向極權下難以避免的小圈子邏輯、被迫與時間賽跑還邊跑邊換褲子、引領中國走回頭路的總加速師。

## ▎撲面而來的變局

　　前文定義過，所謂「後中共」，就是中共的權力統治結構解體，而解體的顯著標誌就是財政支付系統的停擺。這就要從國際以及國內兩個視角來看。

　　我們先談國際部分。國際，是一個雙向道，有外向內的力量，也有內向外的力量。內向外，最具代表性的就是 21 世紀初期中共所推出的「一帶一路」，以及「亞投行」。

　　「一帶一路」是中共展現全球雄心的計畫，北邊從陸路，南邊從海路，橫跨歐亞。

　　其實這是一個異想天開的想法。歷史上幾千年來，在今天我們所稱為中國的這塊土地上，所發生的權力結構變化，

不管是經由武力的還是通過經濟的，一開始基本上都是一個由北向南的縱向發展，跨過長江都是後期的事。

我們幾乎想不到一個歷史時期，所謂的「中原」民族，可以地理橫向超越中亞。今天中共嘴硬所稱的中華成吉思汗帝國一直西向到匈牙利，那是西北民族的歷史，與漢族無關，更和中國共產黨沾不到一絲關係。

我在北京時，經常被我的蒙古族朋友嘲笑，說：「你們漢人最不要臉了，明明是被我們蒙古人統治，幾百年後，把蒙古人統治時期稱為元朝，好像是中國的一個朝代，哈哈哈……」

至於南邊的一路，中共發明為明朝鄭和下西洋的歷史延續。這其實也是個笑話。鄭和本人是個穆斯林，本來就比漢族更具備世界觀。他下西洋的路線固然走了很遠，所乘坐的船也非常巨大，但是他只是沿著海岸線往西邊走得很遠，並沒有橫跨任何大洋。相比之下，哥倫布只帶了幾十個水手，一艘可能只有幾十呎的帆船，就在毫無動力的情況下橫渡了大西洋。

蒙古族及回族，雖然來自漢族的西北大陸，但是他們對海洋的認識，遠遠超過了漢族。元代的蒙古人，兩次橫渡日本海攻打日本，就是明證。

中共這個黨派或者政權的 DNA 裡，唯一的國際因子就是蘇聯共產黨的共產國際。除此之外，中共的些許國際視野，

大概就只有周恩來和鄧小平那段吃法國麵包的時期了。江澤民當政的時候，他最自豪的一件事情，就是自己從租界傳統學會彈鋼琴。上海「清口」表演家周立波，也嘲笑北京人只會吃大蒜，而上海人是喝咖啡的。

中共的國際視野，除了早年在蘇聯大哥的調教下，認識到了什麼叫第三世界亞非拉，也就是一種純粹的共產國際的國際視野。

至於現在新的國際視野，中共是從國民政府的遺老、老上海的資本家、工業化之後的台灣、還有英國治理下的香港所學來的。改革開放後的國際視野，主要來自日本、美國、台灣、新加坡。至於對歐洲的理解，那是很後來的事情。

因此，中共文人杜撰出來的「一帶一路」這觀念，其實沒有堅實的基礎，出發點非常狹隘，只建立在以利益為基礎的世界觀上，假設了只要有錢，就能無往不利。這個以利益為唯一基礎的設想，在中共的財力難以為繼的情況下，就自然斷裂了。裡面的每個項目，先後都成為爛尾樓。原因無他——錢不夠了。

要談中華人民共和國的經濟以及中共的財政，就離不開美國秩序。中美關係，基本上是美國為了本身的戰略利益需要，為中國開啟了國際接軌的便車，中國也因此累積了大量的財富。公平的說，那的確是一場美中互相利用的成果，誰賺誰賠，帳本只能由歷史將來算了。

　　現實情況是，中國在搭美國秩序便車的 30 幾年中，美國秩序本身也經歷了天翻地覆的變化。中國稍微富起來了，中共就想挑戰美國秩序，而美國也自然的要保護美國秩序。

　　一般人將這情況形容為中國與美國的競爭，我認為這說法不準確。精確的說，這是中共政權與美國國家之間的競爭。道理再簡單不過了。中共不等於中國，而美國政府是民選出來的，是與時更換的，所以代表美國。

　　美國的國力，雖然不能與 30 年前相比，但是今天依然占據整個地球勢力的 60%。二戰後的美國秩序，確實已經漏洞百出，但依然是地球上唯一能撐住國際經濟的秩序。

　　俄國的一位學者曾經這樣總結美國，我認為是最精粹的總結：美國的國家利益以及國家戰略，唯一的標準就是，不允許地球上出現另外一股足以挑戰美國秩序的力量，不管這力量是來自國家、集團、企業或是恐怖組織。

　　從這標準看，中共公開揚言要替代美國秩序，甚至習近平在與拜登（Joseph Biden）通話中還直接告訴拜登，中共秩序將取代美國秩序。美國將採取的反應——不用推敲，也可想而知了吧？

　　川普（Donald Trump）總統，可以說是第一個捅破這層窗戶紙的美國總統。他對中國開啟的貿易戰，只是上述道理的一個相當表面的現象而已。

　　當事人還不清楚美中貿易戰在經濟最終結果的時候，新

冠病毒的疫情爆發了。在病毒的來源問題還來不及追究的時候，俄國入侵烏克蘭的事件又爆發了，然後上海病毒清零政策下的上海封城事件又發生了。這三件事並不是孤立事件，而是環環相扣的。

　　宏觀來看，中共現任的掌權人習近平，對外走上挑戰美國秩序的路線，其實與他對內的保權位路線是一體兩面。他的國內病毒清零路線，演變成封城封戶的戰時戒嚴管理，也是一種對國際的宣示，證明中共對人民的控制力是無窮的，因此對任何的外國挑釁都會奉陪到底。

　　基本上，這是一種以自虐自殘來抵禦外面壓力的方式。就如面對外人挑戰的時候，某個人打殘自己的小孩然後說，你看我連自己的小孩都可以打成這樣，而且他還聽話，你要敢來挑戰我，就試試吧！

　　之所以談這些事，是因為這些事和中共是否解體有直接關係。無論是一帶一路、美中衝突或是全國病毒清零封控，都會帶來中共的財政能力崩塌，而財政能力的崩塌，就是中共是否解體的關鍵因素。

## ▋「總加速師」不自知

　　說到這裡，各位或許會生出疑問：「中共難道自己不知道嗎？」

對於這個問題，我的看法是：中共不會不知道自己的困局所在。中共黨內許多人都知道，而且也發聲了、寫文章和報告了。

但是「總加速師」不知道。準確的講，習近平也並非完全不知道，但是他認為在他的路線下，中國有再生能力。簡單講，就好像某個農夫，認為這一季沒收成，下一季還可以豐收。這是一種無知。他不知經濟引擎一旦停火，再點火需要很長時間，財政循環一旦斷鏈，再續鏈就極端困難。

總加速師以及現在還在為他護航的人，真的是在制度的再生能力這件事上愚昧無知。

他們把國與國之間的競爭，看成是武林好漢之間的競爭，可用傷人十分、傷己七分的七傷拳，或者在打不過的時候，可以「攬炒」對方——了不起大家一起死。這就是中共領導層說得出：「中國人吃草也可以活1年，你們美國人呢？」這句話背後的心理境界。

總體來講，其實不只習近平，中共的領導層皆不了解、不承認自身制度的根本缺陷。他們不了解集權體制是沒有再生能力的，只有分權體制才有再生能力。這道理正如一個家長制的家族企業如果不轉化為至少是分權制的家族企業，那是沒有持續能力的。

正因為這種無知，在沒有世界秩序供搭便車的情況下，中國的經濟以及中共的財政能力遲早會走向解體。即使過程

中，中共可以攬炒其他國家，但其他國家的再生能力還在，
而毫無再生能力的中共體制肯定會先殭屍化，然後滅化。

# 第 4 章

# 中共牆內變因

前面提到，中共解體這件事，必須從國際因素以及國內因素兩方面來分析。現在我們先從國內因素，或者可稱為牆內因素，來看看情況。

關於牆內的變因，首先當然得談中共本身。中共又可分為兩塊──共產黨和共青團。此外，也不得不提紅二代，還有所謂的「強力部門」──解放軍、武警和公安。

共產黨最顯著的特徵，就是無論其內部怎麼鬥爭，有一個絕對不可挑戰的原則，就是一黨專政。黨內以「鬥爭」為綱，黨外以「維穩」為綱。

共產黨員的數量高至 9800 萬人，但是不要被這個數目嚇到了，其中真正掌權的幹部不會超過幾十萬人。建國以前的共產黨之所以能夠打敗國民黨，主要原因之一就是：國民黨只要增加一個黨員，就是增加一個進來分好處吃飯的，而共產黨每增加一個黨員，就是增加一個進來做事與敵人鬥爭的。

建國以後的共產黨逐步轉變成，增加一個黨員就是增加一個進來分權的。改革開放以後的共產黨，就變成了增加一個黨員就是增加一個進來分好處吃飯的。舉例來說，在冊的公務員不過 650 萬人，但是事實上，吃皇糧的人數高達 5000 萬人。

與康熙王朝時代相比，當時吃皇糧的人數比例是 200 個老百姓養 1 個吃皇糧的。2010 年，中國每 36 個老百姓，養 1 個吃皇糧的，走到今天，經過 10 年新加入的各種名目的維穩

人員（如城管、病毒清零時的「大白」[2]），已經是每十個老百姓養一個吃政府財政飯的。中共體制下，吃皇糧人數的比例達到歷史最高，這還沒算黨員幹部之間盛行的貪污腐敗。這是導致財政垮台的根本要素之一。

共產黨在中國是一個特權階級，正如前南斯拉夫副總統吉拉斯（Milovan Djilas）的那部經典著作《新階級：對共產主義制度的分析》（*The New Class: An Analysis of the Communist System*）中所描述的一樣：「一切待遇，都是按照級別來的，細節駭人聽聞。」舉例而言，中共元老們定期接受輪換年輕人的血液，親歷場景者告訴我：「進院的時候都坐輪椅，出院的時候都用走的。」一位 30 餘歲的上海年輕醫護人員告訴我，他的日常主要任務就是坐飛機領取生鮮的人體器官。

再如，根據由上海「潤出國」的親歷學者在採訪中透露，高層「離休幹部」（1949 年以前入黨者）在上海有 10043 人，平均年齡 92 歲，他們不受法律約束，全家一、二等親享受最高端的免費醫療，原則是「不惜代價」，這包含了植物人。

而「正國級」幹部，離休後每年的旅遊費額度是 1 億人

---

2 指在中國民間社會當中，身穿全套白色防護衣的防疫人員，該別稱在新冠肺炎疫情期間流行，常見於 些網路發言、媒體報導和官方發言中。

民幣，是的，我沒聽錯你也沒看錯，是「1 億人民幣」！

## █ 紅二代——奢想無上限、手段無底線

　　談到共產黨，不得不談其中最關鍵的一群人，也就是所謂的紅二代。紅二代中，良莠不齊，基本上他們都有兩個共同的、牢不可破的觀念：江山觀，以及家族特權觀。

　　所謂江山觀，一言以蔽之，就是打江山者坐江山。標準的論述就是：要我放棄江山，拿 3000 萬人頭來換。在江山觀下，他們的共同特色是：奢想無上限，手段無底線。第二個共同點就是家族特權觀，標準的論述是：罪不及鐵帽子王，也就是太子犯法與庶民不同罪。

　　紅二代，除了少數在文革期間被下放了，多半都成長於所謂的「大院」中，交錯的朋友同學、恩怨情仇，綿綿的複雜度不是外人所能體會理解。紅二代由於家教和文革期間際遇的不同，雖有群體特徵，但也有特立獨行之士，基本原理是：血緣愈遠，江山觀及家族特權觀愈淡。

　　紅二代之間的爭權奪利，最著名的例子就是發生在 2012 年的薄熙來事件。習近平的上任，既是薄熙來事件的原因，也是結果（請參考我於 2012 年的著作《大拋錨？！中國號超級拼裝巴士駛向何方？》）。

# ▋ 共青團──更接近職業經理人氣質的共產黨

　　共青團是共產黨，也不是共產黨。它是培養未來共產黨員的青年搖籃，人數高達 2 億人。這麼多的共青團員，最終能夠成為黨員只有一小部分，而最終能夠在共產黨裡得到權力的，更是這一小部分中的一小部分。所以，這超過 2 億人的共青團員中，多數是黨系統內的二等公民，他們形成了一種模糊的派別，有著某種階級認同感。

　　例如，胡錦濤雖然後來由共青團書記，升任進入黨內，最終高升到共產黨總書記，但是他的最親密屬下、關係最親的人，始終是共青團的人。根正苗紅的共產黨黨員，從來就不服共青團出身的人做領導，紅二代就更不用說了。

　　鄧小平以及當時的元老們容許江澤民接位，以及欽點胡錦濤接任江澤民，實在是出於無奈，因為他們深知，文革後已經腐朽的共產黨，處於一個人才青黃不接的關頭，需要紅二代以外的人才來接班。

　　2012 年中共十八大，習近平的上位，代表了紅二代重新由共青團勢力手中拿回本來就屬於紅二代的江山。打個比方，這就像一家家族企業，暫時把管理權交給非嫡系職業經理人，等到自己的子弟成熟後，再取回經營管理權。

　　習近平上台後，全力清除共青團勢力。一方面由於總理李克強出身共青團，乃胡錦濤心目中的接班人；另一方面，

「黨內有團」不利於他的全黨效忠一人之念頭。2022 年 6 月，被稱為「共青團派最後一名有接班能力」的前團委書記、年僅 52 歲的陸昊被貶入閒職，等於宣告了共青團作為一個未來派系的消失。

## ▌解放軍 —— 槍彈分離

在中共解體的過程中，以及對「後中共的中國」方向之影響力，所謂「強力部門」的作用，可以視為最關鍵的因素。

所謂強力部門，當然以正規部隊的解放軍為主，但是武警部隊和地方公安系統，也不能忽視。此外在 2022 年，當下黨內派系鬥爭的攤牌焦點下，恐怕也不得不把「中央警衛局」（負責全黨要人的安全還有監控），以及「公安部特勤局」（負責各級領導的保安）這兩個神祕單位放入考慮。到了一翻兩瞪眼的時刻，此二單位實乃重中之重。因此才有「子彈管導彈」—— 中央警衛局和公安部特勤局的子彈，管著解放軍的導彈 —— 這一說。

中共的統治天條是：槍桿子出政權，黨指揮槍。因此在組織上，軍隊的各級領導旁邊都會配上一個黨委，黨委對任何重大事件包括如何打仗，都有否決權。

此外，中共對軍隊所實施的管控原則，一向是「槍彈分離」，也就是管槍的不管彈，管彈的不管槍。舉個小例子，

廈門的一位計程車司機對我說，1996 年台海危機的時候，他在當兵，氣氛極為緊張，晚上睡覺的時候都槍不離手。但是，槍裡都沒有子彈。同樣道理，解放軍雖然有核彈，但核彈的管理肯定也是依循槍彈分離原則。習近平上任後，雖然把傳統的軍區改為戰區，但是一直保持槍彈分離原則。為什麼？就是怕兵變。

前文提及，中共是否解體是以財政收支能力為分水嶺。從這個標準來講，中共會把財政上的最後一毛錢，花在維持解放軍上，因為解放軍若少了軍費，肯定帶來政治災難。中共領導層了解這一點，解放軍自己也了解。

解放軍的腐敗程度超過外人想像，軍職的升遷全部需要金錢潤滑劑。鄧小平、江澤民年代，當錢不夠用，只能放牛吃草，任由各地部隊各自「創收」養活自己。當年，走私、運毒能夠形成規模的都是解放軍，黃賭毒無所不沾，小地方小老闆開地蓋廠缺人手，打個電話士兵就成批到。

在傳統中國的時代，部隊都還有地方感情作為凝聚力，現在軍人來自四面八方，同一個單位內沒有向心力，加上解放軍進階文化是「向錢看」，唯一能依賴的只剩下「民族大義」。許多外人不理解，以為中共的民族主義口號是喊給讀書人聽的。錯了！民族主義是維繫解放軍心的唯一途徑，喊的不夠，就會軍變。但民族主義不能當飯吃，錢沒了，解放軍就散了。

當前，在中共行政體系財政收支破底的情況下，解放軍處於山雨欲來風滿樓的氣氛中。習近平給他們加軍餉，但每個人都知道，如果不在一段期間內花錢升官到某個級別，退伍後的下場是極其悲慘的。只要是當兵的，都知道退伍老兵的下場。幾百萬退伍老兵的生活沒有著落，已經是顯著的社會現象了。

## ▋ 武警──軍警不分

所謂的武警──武裝警察，成型於 1989 年六四天安門事件之後。當時解放軍進北京，中共配發子彈，允許軍人向百姓開槍，因此造成巨大國際衝擊。中共開始意識到，如果還要以「中國」的名義參與國際秩序，以後就不能用軍隊鎮壓人民，因此成立了所謂的武警。武警向來不由解放軍指揮，而由地方指揮，但這一規矩被習近平打破，他以軍委主席、國家主席、黨總書記的三重身分，將武警部隊收編於解放軍之下，從此解放軍和武警之間再也沒有明確的分界線。例如，在香港強行實施國安法的過程中，武警以便裝進入香港參加鎮壓，事實上已經軍警不分了。

# 公安──全國皆唐山

強力部門中的第三部分──公安，屬於地方系統。雖然中央有公安部，但是地方公安靠著地方財政吃飯，不是中央完全可以指揮得動。這是中共在解體過程中，最不確定性的因素之一。地方公安雖然不能形成全國性的力量，但是在全國的系統出現鬆散的時候，地方公安卻是最能自行其事的一股力量。

2022 年 6 月發生並引起全國公憤的河北唐山市公開殺女事件，就是地方警匪不分的典型。一位跑遍中國大江南北的人士，畫龍點睛似的說出一則金句：「地方財政一旦垮台，全國皆唐山！」每個了解中國社會實況的人都會同意這句話。

這也是 2022 年，習近平強換中央公安部長為自己人──王小洪的原因。然而，這作用是有限的，地方公安為地方勢力，地方沒錢時，地方公安口號可以跟著中央喊，但行為一定是靠山吃山、靠水吃水的。

王小洪的角色就像在棒球比賽的第八局下半被派出場的投手，關鍵意義應該不在立即控制地方公安，而在於直接指揮公安部的「特勤局」，威脅非習派的黨內元老們的安全。

## ▋「條條塊塊」——行政轄區以及央企

　　我到中國經商創業的第一年，接受到的第一個教訓就是「條條塊塊」。一位我心目中的潛在客戶，略帶一點輕蔑的問我：「你懂得什麼叫『條條塊塊』嗎？你如果不懂，就不用在中國做生意了！」

　　坦白講，為了解這個「條條塊塊」，我花了 10 年時間走遍中國各地理區和行政區，才算搞懂。

　　簡單講，所謂「塊塊」就是行政轄區，它們是一塊一塊的。所謂「條條」，就是貫穿各行政轄區的中央部委，尤其特指龐然巨物的「央企」。

　　別搞混了「國企」和「央企」，中共旗下有數萬、數十萬個「國企」，但只有不到一百個「央企」；「國企」有大有小，可以什麼都亂幹，只受形式上的約束，但是「央企」都是巨獸，控制著全國性資源如礦產、水力、電力、航空、交通、軍用物資、軍工，當然還有金融。

　　任何「塊塊」的首腦，即使如省委書記，見到「條條」的一個局長，都得小心翼翼。國企這一脈絡的幹部要貪，大約用「億」為單位就可打發，但央企這一脈絡，要貪起來，恐怕得以「兆」為單位。

　　「條條塊塊」都與財政骨架有關。它們的文化雖然不見得有直接對應關係，但也某程度透露了中共財政骨架的解體

力學，我們先隨意聊聊「塊塊」，然後再觸及「條條」。

接下來，我們就從政治意義上的中國，也就是中華人民共和國實質統治的區域，來談這個主題。

當然，在全世界各地也有上千萬來自中華人民共和國的中國人，俗稱為海外華人。海外華人在中共政權解體的過程中，也有某程度的發言權，但是，最終決定中共解體後的發展型態，還是在地的中國人。當然，此處所謂的中國人，是政治意義上的中國人，也就是自願的、非自願的領著中華人民共和國身分證或護照的人。

## ▌7 大板塊的中國

中國 23 省區可簡單畫分為 7 大塊：華東、華南、華北、華中、東北、西南和西北。我們先從這些板塊來看：

### 1. 華東地區

華東地區，包括江蘇省、浙江省、安徽省、福建省、江西省、山東省，以及直轄市上海市。

歷史上，華東地區一向是中國的經濟引擎之一，包括了長三角經濟區，其中單單上海市一個地方就貢獻了全中國 GDP 的 4%，整個長三角經濟區承載了 26.5% 的中國經濟。

我們可以華東地區為例，來看一個問題：中華人民共和

國實質上是一個被強迫縫合起來的國家，本質上是一個類似歐洲大陸的組合。

　　華東地區的每個省，其實都是一個語言文化區，雖然文字統一了，但是語言和文化卻是極端不同的。以浙江為例，有一個中型城市叫樂清，樂清人說樂清話，隔著一條小河，河對岸的人就聽不懂樂清話。這樣的情況充滿著整個中華人民共和國，往往僅隔幾公里的兩個村子，村民的口音就不一樣，只要一開口就知道對方是不是自己人。

　　2022 年，上海封城、封區、封路和封戶，殘酷的挑戰了上海人的自我特殊尊榮感。自詡為全中國最先進、最現代、最文明的上海市民，瞬間發現了在中共的集權統治骨架下，自己和新疆維吾爾人的公民地位其實沒有本質上的差別。典型的故事是，身穿防護衣的「大白」在強迫年輕夫婦離家前往「方艙」的時候，語出恐嚇：「你們不服從，會影響到你家三代。」年輕的丈夫說：「謝謝你的提醒，但我們是最後一代了！」

　　如同所有其他的大區域，華東地區其實是被無數自我認同小區，所勉強織出的一塊布。蘇州、徽州、溫州、福州、九江、廈門……各有各的自豪感及自卑感。例如上海人傳統上把杭州當成後花園，大家族中傭人多來自杭州，但杭州出了個馬雲，於是企圖將氣勢壓過上海。此外，江蘇的「江南人」看不上安徽的「江北人」。政治制度是緩和矛盾的要

素，美國也有「紅脖子」和「洋基」之分[3]，也鬥，但不破。在一個集權的階級體制下，當財政骨架解體時，你要蘇州人和廈門人如何互助？蘇州公安和廈門公安在沒有金錢利益交換時，不就「靠山吃山、靠海吃海」嗎？

台灣人不理解，以為「統一」只針對台灣。錯！中國自身，至今尚未統一，只是一個靠著權力暴政以及控錢手段，勉強將幾百塊、幾千塊碎布，用權力扣子和金錢扣子，扣成一件衣不蔽體、徒具外觀的大衣。往下讀，各位將會愈來愈了解這個道理。

## 2. 華南地區

華南地區，包含廣東省、廣西自治區、海南省，以及被強行剝離一國兩制承諾的香港和澳門，中共政權也將其歸為華南地區。

同樣的，華南地區內的語言文化差異極大，各有各的文化認同。這些文化認同的分界，在承平時代可以出現包容，然而一旦財政吃緊，分界線立刻就變成警戒分裂線，這點在

---

3 美國南北戰爭時期，北方人稱南方人為「紅脖子」（Redneck），因為當時美國南方是以農業為主，農夫在太陽下長時間彎腰工作，脖子被曬得紅通通的，故有此稱呼，代表的是「農村勞動階級的白人」「政治的保守派」「種族主義」以及「宗教基本教義派」等，具有輕蔑的含意；另一方面，南方人則稱北方人為「洋基」（Yankee），代表著「掠奪、侵略、不尊重傳統」等負面意義。

疫情封城封區期間顯現無遺，廣東車不能進廣西，外村人不能進本村。

雖然說中央電視台的「普通話」在中國大致可通，但事實上整個中國充滿了語言的相互歧視。不信，你到了廣州，除非有利益關係（例如花錢的時候），不會粵語的人可能比到了德國還難溝通。基本上，海南人和廣西人之間的溝通距離，超過義大利人和法國人之間。

廣東的潮汕人，最會抱團做生意。無論天涯海角，陌生的潮汕人之間只要一開口，雙方都會恨不得掏心掏肺的和對方交往。孫中山是廣東人，他得到東南亞潮汕移民的全力資助，絕不是因為他的魅力。潮汕文化，可以是將來的一個爆發點。

## 3. 華中地區

華中地區，包括了湖北省、湖南省和河南省。以湖北省的武漢市為中心，而事實上，「武漢」包含兩個城市——武昌和漢口，兩市隔著長江對望，既是一體，卻也存在利害分歧點。

例如，武漢有革命傳統，1989 年六四運動是一場風捲全國的運動，不只天安門，橫跨兩市的長江大橋上，由兩市集中而來的抗爭人群烏壓壓的一片，占據了整座幾百米的大橋，當時武漢地區死了不少人。但對比 2020 年「新冠病毒」

疫情爆發後，整體封城期間的現象卻凸顯出兩市在不同境況下，其實利害也是不一的。

這就是「地方」這個概念在中國的玄妙之處，在某些政治氣氛下，「地方」的認同感就會聚集；然而在另種政治氣氛下，「地方」的認同感就可被分裂。

這事實，一方面揭露了中共用以控制地方的統戰話術基礎之一；另一方面，也揭露了中共集權骨架其實存在脆弱點。外國人乃至中國的本地平民，看得懂這點的人少之又少。

而今，習近平派系已經將「地方」的單位，由原有的行政框架弱化、縮小到了（藉病毒清零之名）封居民小區、封樓、封戶的地步，更加封鎖了「認同感」的範圍，從集權統治的視角來看，這是千古未有的「進化版」成就。

所有住在華中地區的人，都知道湖北人和湖南人的利益不一致，而河南人更是特殊。河南是中國的糧倉，自我認同感極強。河南是自然災害重災區，更是人為災難的頻發區。2021 年，發生在鄭州市的水災，凸顯了自然災害下人為災害的加疊——落雨量暴增，水庫無預警防水，淹沒市區地下車道及地鐵隧道，從事後堆積如山的受害車輛數來看，無辜死者至少上千人，但政府一推了事，毫不承擔責任。

這件事揭露了中共集權統治機制下的兩個「真理」：（1）任何天災人禍，在派系鬥爭白熱化的時候，都可以被用來作為政治鬥爭的籌碼，人命是被當作賭桌上的籌碼對待的；

（2）在中央派系鬥爭白熱化的時候，地方官員的行為準則是「躺平主義」——多問多錯，誰出頭處理大事誰就會成為中央派系鬥爭的犧牲品。

河南鄭州，地方銀行儲戶及爛尾樓抗訴者的「防疫健康碼自動轉紅」，波及全國存款人，哪個單位有全國的能力，調控特定存戶私人手機中的健康碼顏色？帳戶中的幾百億錢沒了，誰拿走了？誰挪用了？4 大國有銀行的全國各地分行，都出現「限制取錢」以及「限制電子打款」的現象，錢被誰拿走了？誰挪用了？

## 4. 華北地區

華北地區，包括河北省、山西省、北京直轄市、天津直轄市，以及以蒙古族為主的內蒙自治區。

作為一個經濟區，華北地區有一條分界線，就是長城的山海關。市場上向來就有「投資不過山海關」的說法，區域之間的經濟歧視極為嚴重，地方官員在對外資招商引資時是不會告訴你這點的。

一般來說，外商到了中國，至少得花上 10 年時間，才會理解到一個最基本的事實：在中國做市場行銷，你得把「中國」視為一個歐洲來計算成本。

在這所謂的華北地區內，你不會聽到任何人稱自己為華北人，他們會說自己是河北人、山西人、北京人、天津或

蒙古人。

中國漢族之間的貧富差距，在華北最為明顯。說兩個親身小例子：我公司裡有位員工是黨員，他告訴我上級組織他們去認識北京郊區的貧戶，離市中心 45 分鐘車程，村子裡家中所有女人只有一條能穿出門的褲子，誰出門誰穿。那是 2008 年，北京奧運驚豔世界的時刻。

也必須公平的講，共產黨內還是有懂得反省的一派人（再如，前習近平時代，每 2、3 年中共會組織局級以上幹部，討論應不應該平反 8964[4] 冤情的會議）。

另個貧富差距故事：在中國的最後 5 年，我經常住在河北懷來縣的農村一帶，和鄰居爬大山、騎大馬。村旁就是「土木堡」（明朝神宗被金人所困之地），山邊住著無數居民，房子都是泥土和稻草糊的，老人臉上的皺紋從脖子到額頭，縱橫有如棋盤。看到的景象如果告訴你回到了明朝，你絕對不敢不相信。那是 2010 年。

當李克強總理駁斥習近平說：「中國還有 6 億人口月收入不足 1000 元」，你必須相信李克強。事實上，華北農村的人知道：他說得太含蓄了。

---

4 1989 年 6 月 4 日的簡寫代稱，用隱晦的方式指稱天安門事件。

## 5. 東北地區

東北地區，包含遼寧省、吉林省、黑龍江省，還有內蒙古自治區東邊的一部分。

不像以上其他區，東北地區有屬於自己的認同感，具有整體大區域的凝聚力。這裡是大清皇朝、滿州人的老家，也是朝鮮族的發源地。此外，這塊地方和日本的關係深厚。二戰時期，日本人占領東北之後，積極的經營該地區，留下了重工業基礎，因此在中共的語言裡，東北被稱為「共和國的長子」。

另一個和東北緊密相關的國家，就是俄國。在哈爾濱市，俄國風情遠遠大於中國風情。俄羅斯族到了哈爾濱的感受，大概就像日本人到了台北。東北的多數漢人是早年由山東地區到東北討生活的人，也就是所謂的「闖關東」。各位可以這樣來理解東北漢人，他們就如當年跨海到台灣島討生活的羅漢腳。

東北的主要水系是黑龍江，單單其支流松花江，江面之遼闊就甚於長江。每年嚴冬，松花江面凍結，為了搭砌哈爾濱冰雪節的採冰工人，幾何式的開採 1 公尺見方的冰塊，場面極為雄偉撼人。

東北人的兩大特色是──二人轉及幹架。二人轉的粗俗式精妙，再高雅的人聽了都會哈哈大笑。幹架呢，用一位朋友的形容：「東北人到了蘇州，看到兩個蘇州人在街上吵架，

吳儂軟語的吵了一個小時，連對方的手都沒碰一下，要是東北人，出手之前絕對不超過三句話。」

東北人也善於搞軟性政治。中共的中央電視台一度是東北人的天下。東北姑娘會唱歌、會掀桌。一旦中共的統治體系解體，首先以行動保護同鄉利益的，一定是這個地區的人。

## 6. 西南地區

西南地區，包括了四川省、雲南省、貴州省、直轄市重慶、陝西省的一部分，還有被中共政權強行納入版圖的西藏自治區。

這裡更是像一塊拼湊起來的地毯。不但彼此語言不通，生活方式也截然不同。這裡生活著幾十個種族，除了四川，多屬貧瘠之地。例如在雲南貴州交界之處，有一塊渺無人煙的三不管地帶，面積大過台灣。

雲貴在種族、文化上，與東南半島北端的泰國、緬甸，說是同文同種亦不為過。雙邊人民，樹林裡跨一步就到了外國。走私活動屬於日常生活的一部分，美國川普、拜登總統向習近平抗議的「吩坦尼」（Fentanyl）毒品貿易，雲貴就是主要路線。

西藏是被中共武力征服的，藏人從來就不覺得他們是中國人。西藏文化與印度文化的相似性，遠大於與華夏文化的關係。在精神境界上，藏人和漢人分屬兩個世界。

舉個小例子，從四川成都到西藏的川藏公路上，經常因為坍方或交通事故而斷路，一斷就是幾個小時。在斷路的時候，你可以看到漢人罵罵咧咧，表現不耐煩；而藏人一看到斷路，就下車開始煮茶，享受當下的人生。

## 7. 西北地區

西北地區，可能是中華人民共和國內最奇妙的地區，包括了寧夏回族自治區、新疆維吾爾自治區，以及青海、陝西和甘肅三省的大部分。

眾所周知，新疆維吾爾自治區是中共統治權力骨架中最不穩的一塊。只要機會來了，維吾爾族寧可和哈薩克族結合，也不願與漢族結合。

習近平在疫情期間堅持的清零政策，導致全國各地廣設「隔離方艙」，其本質上就是新疆「再教育營」的隱形擴大版，以備日後不時之需。只是，絕大多數的牆內人民昧於信息不通，不知其中的政治玄妙。

由以上 7 大塊地理區，我們可以宏觀的看出，中華人民共和國這件大衣的縫線。

# ▌ 4 大直轄市──4 大「塊塊」

接著讓我們來看看，人口都大於 2000 萬的 4 大直轄市在

中共的統治權力骨架開始解體時，大概會發生什麼現象。

## 1. 北京市

首先說北京。這個天子腳下、皇城根下的帝都，雖然說是被馴化且最服從的一個地方，但是也有其根深蒂固的自我執著，看看由馮小剛所主演的電影《老炮兒》就知道。

老北京人指的是在北京生活超過三代的人，人數可能只剩下幾百萬。其他的北京市民，都是過去幾十年來遷來北京的人。

北京是中共的權力中心，任何中共將來出現的解體跡象，都會反映在北京。中國什麼地方都可以亂，但是北京不能亂。若你某一天看到北京亂了，就代表中共可能正在面臨解體。1989 年的六四天安門事件，反映的就是這種狀況。中共黨內判斷，再不下手殺人，中共就要解體了。那句被流傳出的名言：「犧牲 20 萬人可換來 20 年的穩定」，就是在這種情況下說出來的。

中共中央領導人的權力地位，可以由一個指標看出：北京軍區是不是他的嫡系？他是否指揮得動？

其實，解放軍雖然是不折不扣的黨軍，但是解放軍不一定是哪位領導人的私家軍。即使權大如鄧小平，六四天安門鎮壓時，也遭到在地軍事將領拒絕，而不得不調動外地部隊進京開槍。抗命的將領隨後被判重刑。

在爭 2012 年「十八大」大位之前,薄熙來求援的是成都軍區。而異曲同工的,2022 年權位遭受挑戰的習近平,在 6 月也前往成都會晤軍區,當時正值四川連續發生兩次死人的大地震之後,但是他沒去災區,而是去了軍區。

## 2. 天津市

天津,在經濟上扮演兩個角色,一個是北京的後花園,但同時也是北京的門戶,因為天津港最接近北京。歷史上天津是一個軍事重地,也是外國勢力威脅北京的入口。因此,天津充滿了租界風情,其中以法國租界最為知名,酒吧林立。

天津的政治重要性,可由 2015 年天津港新區倉庫大爆炸案看出。中南海及官媒諱莫如深,但外界普遍解讀為一起政治破壞事件。天津這地方,在中共權力未解體之前,一定是北京的小弟;但一旦出現解體,一定就是北京的制衡處。政治上,天津是兵家必爭之地。

## 3. 重慶市

重慶簡稱「渝」,這個長江邊上的山城,地理位置十分重要,抗日戰爭時作為國民黨國民政府退居、西方各國大使館隨之而來的「陪都」、美國「飛虎隊」駐紮地、中共建國後成為西南地區國際性轉運站、國際航空樞紐、長江中上游航運中心,並被確定為「西部大開發」的重要戰略支點、「一

帶一路」和「長江經濟帶」的聯結點，這些絕不是偶然的。

重慶是足以動搖中共統治的政治中心，這點無庸置疑。文革時期，最慘烈的屠殺及燒掠就發生在重慶。2012 年，薄熙來以「唱紅打黑」企圖發動政變的地點也在重慶。

重慶所在的四川省，乃一巨大盆地，易守難攻，俗話說「蜀道難，難於登天」，指的就是這裡。三國時期，蜀漢據守的地盤也是這兒。史稱「巴蜀」的四川盆地，自有由西南通道進入的西亞文化，出現如「三星堆」這樣讓中原漢人看了掉下巴的文明遺址。

## 4. 上海市

前文已對上海這個地方著墨甚多，但真要談起來，可能得寫一本書。上海市在中國算是一朵奇葩。若一定要強加比較，你可以把上海市想成美國的紐約曼哈頓，或台灣的「天龍國」──台北。

一位台灣宜蘭的大戶人家子弟告訴我，他小時候祖輩婦女最津津樂道的，就是坐船到上海買洋貨血拼。上海人崇洋，但絕不盲目崇洋。我的一位小職員曾經這樣評價一位他認識的在滬美國人：「別看他長得好看，誰知道他家在美國是不是養豬的？」

上海人精明務實，有點像荷蘭的阿姆斯特丹人。在荷蘭航空上，你會看到文章提醒：阿姆斯特丹人說話直接，經常

被誤會為沒有禮貌。由於被多個西方文明管理過，上海人守法守分，十幾年前上海公交癱瘓，上海員工走路幾小時也要到班。這樣一個自詡為中國最文明、最進步、最規範的城市，你可以想像在 2022 上半年，上海被粗暴封城、封區、封戶後，對整個「上海精神」的打擊程度。文革之後出生的世代頓然發現，在中共治下「上海也可以被新疆化」這個殘酷的事實。

　　人們幾乎可以斷定，如果中共的集權統治骨架一旦解體，首先跳出來喊自治的，一定是 2500 萬人口的上海市。當然這樣說，廣州人肯定不服氣，因為歷史上廣州自治的經驗比上海市豐富許多。但無論如何，這兩個人口都超過 2000 萬的「直轄市」，都有自治甚至獨立的條件，一個以長江三角洲經濟圈為依託，一個以珠江三角洲經濟圈為依託，各有其超強的區域自我認同基礎，上海和廣州是「中國」的兩串粽子，其經濟規模加總起來超過中國 GDP 的 40%。

　　若扣除上海和廣州這兩個占中國 GDP 40% 的經濟地帶，再扣除占地理面積 30% 的疆藏地帶，中國的國力就會比今天的俄羅斯還不如。這就是中共把「大一統」視為其政權命脈的真正原因。台灣，不過是個藉口罷了。

　　在政治實務上，台灣人若明白了這一點，實在應該好好和上海人、廣東人聊聊天，當「後中共的中國」到來時，滬（上海）台關係、粵（廣東）台關係，比閩（福建）台關係

重要多了！

固然在文化紐帶上，台灣和閩南關係要深一些，但是在「階級成分」和「文明因子」上，台灣和滬粵比較接近，將來要辦什麼「政治不正確」的事時，也比較好溝通一些。

## ▌5 個自治區、2 個特別行政區

接下來，談談 5 個自治區，以及 2 個特別行政區。5 個自治區是內蒙、西藏、新疆、寧夏和廣西。2 個特別行政區，分別是香港和澳門。

其實，單單從名稱上就可以看出，「5 + 2」這一大塊在中共統治權力骨架鬆散的時候，就是應力的首先作用點。例如 2022 年 6 月 15 日，美國副國務卿在國會聽證會中揭露，中共正在全世界展開鎮壓維吾爾人、西藏人、蒙古人和香港人，單單成案的事件就有數百件。

### 1. 內蒙古自治區

內蒙古自治區於前文已經稍微評論過，這是一個強行被剝離後建立的地區，其另一半就是現在的蒙古共和國。內蒙古自治區和蒙古共和國之間的關係，有點像朝鮮和南韓之間的關係，都是二戰後被列強強行分拆的結果、用作緩衝區的產物。

　　不論是從蒙古族人自身的立場來看，還是從國際政治的角度來看，只要機會來臨，這都是一條潛在的分裂線。

　　而中共至今為止，採取的都是種族文化強行縫合政策，且在力度上愈來愈激烈，例如這幾年來的「廢除蒙古文教育」政策。

　　內蒙的蒙古人，性格上是草原民族，不像漢人般做作。我的蒙族朋友在我家作客過夜時，都選擇睡在火爐前的地板上，而不願睡在暖氣間的床上。

　　內蒙是一條橫跨東西的帶狀。許多人不知道，東蒙和西蒙是兩個世界。一般印象中的在大草原躍馬的「蒙古」，那是西蒙。而愈往東，俄羅斯風情就愈濃厚。

　　橫貫東蒙的額爾古納河，分隔了俄國及內蒙。有些中國這邊的村子裡開滿了向日葵（太陽花），走進去看到的，都是纏著俄羅斯風情頭巾的老太太。河對面的俄羅斯女生，夏天穿著比基尼戲水，而河這邊的中國漢人遊客則拿著望遠鏡看著她們。

## 2. 西藏自治區

　　西藏自治區，是一個 1950 年代被中共毀約屠殺的地區。藏人的文化極為特殊，凡是有見識的漢人都了解這點，否則也不會有這麼多漢人臣服於西藏密宗的信仰之下。

　　多數脫離了中共管控的西藏人，都堅信西藏必須獨立。

藏人的精神領袖——達賴喇嘛，至今的國際影響力都令中共震撼。達賴喇嘛一直不斷在向中共伸出和平的橄欖枝，但中共卻從來不敢接招。從這現象，我們就知道與中共進行和談的下場。

西藏高原，地理及文化上包含青海，而藏人也堅持青海屬於西藏。這點對「後中共的中國」衝擊力道極大，後面章節討論到「水系政治」時，會詳細論述。

我的公司裡曾有一位漢人經理，他是我在中國見過最具佛性善良的人。我問他的佛性是天生的還是後天的，他告訴我一個至今難忘的故事：他和朋友走青藏山路去拉薩，半路上他看到一個湖，堅持下車。在湖邊坐了半小時，看到湖中山影與雲影的變化，之後就變了一個人。

這位仁弟後來轉職到一個英國慈善機構，專事關懷中國的弱勢群體，然後有一天就失蹤了，我大概知道他為什麼「被失蹤」。

## 3. 新疆自治區

「新疆自治區」這五個字，其實是這幾年來「政治正確」的稱呼。它過去的正確稱呼應該是「新疆維吾爾自治區」。至於為什麼後來把「維吾爾」三個字去除，我想各位是心知肚明的。

新疆的幅員廣大，恐怕超過多數人的想像，它占了中華

人民共和國版圖的 30%。你如果在傍晚 6 點，從中國東南角的廈門機場起飛往新疆，起飛時你看到太陽在地平線上，6、7 個小時後，你降落在中國西北角的新疆喀什市，你在地平線上看到的還是同一個太陽。

一位新疆朋友邀我去烏魯木齊玩，他說開車來接我。我問他要開多久，他說：「3 個小時。」我說：「算了吧，你開太遠了。」他說：「這算什麼，『才』3 個小時。」

新疆分為南疆及北疆兩大塊，而新疆獨立的勢力中心其實是在南疆。此外，新疆有一個極為特殊的機構叫做「新疆生產建設兵團」，這是一個中共早年武力征服新疆時的歷史遺跡機構，在當地我行我素，簡直相當於一個小的封建王國。

新疆西北部與一群斯坦國接壤，諸如塔吉克斯坦、吉爾吉斯坦、哈薩克斯坦、烏茲別克斯坦等。這代表了新疆注定是一個最不穩定的地區，種族交錯，宗教派別複雜。新疆如果獨立建國，對中華人民共和國的衝擊，將遠遠超過烏克蘭建國對俄國的衝擊。

2022 年，俄國普丁進軍烏克蘭後，對這群原來隸屬蘇聯的「斯坦國」所造成的衝擊，可能要一段時間才會顯現出來。

但是，哈薩克斯坦卻率頭做出了決斷。其新任總統托卡耶夫（Kassym-Jomart Tokayev）不但立刻宣布哈薩克斯坦進行全民公投，修改憲法中的條款以禁止任何民選領導人成為超任期的終身領袖（這對普丁及習近平，都是一個直接打臉

的動作），並且在 2022 年 6 月 18 日於普丁舉辦的「聖彼得堡經濟論壇」（St. Petersburg International Economic Forum, SPIEF）上，托卡耶夫公開與普丁會談時，還宣布哈薩克斯坦不承認俄國對克里米亞和烏東地區的主權，並表示哈國將執行融入西方的政策。

哈薩克斯坦亦與中華人民共和國接壤，並對中國的石油、天然氣和礦物的供應具有舉足輕重的影響。其他的「斯坦國」與新疆同為伊斯蘭信仰，哈國此舉對其他「斯坦國」的作用，對新疆將來的走向，影響不可小覷。

維吾爾族在伊斯蘭教的意義上，與周邊的伊斯蘭國家，一直遠至土耳其，都具有強烈的認同感。維吾爾人許多是碧眼，看到西方人比看到漢人要親切得多。

北京曾經有一家著名的新疆餐廳，舞台表演者都是維吾爾人，他們往往和台下的西方遊客互動熱絡；反觀漢人用餐客雖然人數居多，但是永遠無法和台上的維吾爾人打成一片。

在新疆，激進派的維吾爾人對中共的反抗是明碼標價的。也就是說，對中共幹部砍一隻手、一條腿要付多少錢，都是有價碼的。

由於中共的鎮壓手段以及近來的新疆集中營，維吾爾人和漢人之間的仇恨，恐怕不亞於巴爾幹半島各民族之間的世仇。

新疆的維吾爾族人權問題，現在是世界關注的焦點。不

只所謂的西方，包括所有伊斯蘭國家——尤其是土耳其，都密切關注維吾爾人的人權處境。因此，一旦中共政權出現解體現象時，新疆勢必成為分裂斷層線中的主脈。

新疆，是一個讓漢人心理最糾結的地方。許多已經移民到外國的反共派中國人，當問他們是否支持新疆獨立時，絕大多數都扭扭捏捏，顧左右而言他，不敢表態。

對新疆的態度，是考驗一個人的「中國」概念的試金石，也是測試一個人對「大一統」態度的量尺。如果你仔細觀察或窮追猛打，會發現很多主張消滅共產黨的人，卻反對新疆獨立。什麼道理呢？知道了這個現象，或許你就能了解，普丁對一個獨立烏克蘭的心理糾結。

這種對新疆地位的猶豫，其實限制了多數中國人對「中國」這個概念的想像力，更限制了對「後中共的中國」的想像力。

## 4. 寧夏自治區

與「新疆自治區」一樣，「寧夏自治區」是個「政治正確」的稱呼。其正式的「政治不正確」名稱，是「寧夏回族自治區」。

今天的寧夏自治區完全是個「人為」、為了政治而成的行政單位。雖然很小（五個自治區中最小），且被困居的人口不到 80 萬人，但它實際上與周邊的人文景觀密不可分，從

戰國時期就是遊牧民族進入農耕區的通道和集散地，否則秦始皇也不會以這裡作為修建長城的重點區。

雖稱為「回族」自治區，事實上人口結構是多種族的，包含回、蒙、滿、藏、東鄉、薩拉、保安、漢等族群。

寧夏也是中國煤都之一，亦有其他豐富的礦產，加上中共在此建立了化工基地、風電及太陽能基地，乃「西電東送」的樞紐，使得這個史前文化豐富無比的地方，在動亂或戰爭時期勢必成為兵家必爭之地。

寧夏的兵家地位並不始於今日，史上五代十國、魏晉南北朝長達 300 年的割據時期，寧夏就已是如此。在「後中共的中國」，除非行政畫分原則不變，否則以寧夏的複雜度以及戰略地位，雖然本身不具「寧夏認同」的文化因素，它與周邊區域的勢力合縱連橫的機率仍然很高。

## 5. 廣西自治區

與「新疆自治區」一樣，「廣西自治區」是個「政治正確」的稱呼。其正式的「政治不正確」名稱，是「廣西壯族自治區」。

「廣西」的發音其實來自壯語「Guengjsae」，而「壯」的原字是「僮」，漢族簡稱其為「桂」，中共則強改「僮」為「壯」。南邊臨海落於越南的北部灣，西南則與越南接壤，人口為台灣的 2 倍，城鄉各半。

　　這裡的原住民種類最多，口語種類多達幾十，甚至上百種。據統計，原住民族裔中，壯、侗、仫佬、毛南、京、水、仡佬等皆為珠江流域土著原住民族。漢、瑤、苗、回、彝等則於漢代以後不同朝代由黃河長江流域遷入廣西。嶺南東部被大清改土歸流、實行編戶齊民的壯族先民為廣西漢族主要來源。中共建國後，漢人大量移入，導致廣西有高達 63% 的漢人人口。

　　壯語是民間通用語言，其分布極廣，和貴州布依語、越南岱儂語、泰語、寮語、緬甸撣邦語、印度阿洪語同屬於壯泰語族，使用者也不僅僅是壯族人，世居農村的漢族人和其他少數民族，也使用這種民族語言。

　　近幾年，眾多廣西青年大學生及文化知識分子呼籲保護壯語言，希望透過設立廣西壯語電視台來傳播及傳承壯語言，但至今尚未開通。從 2021 年中共扼殺內蒙自治區的蒙古語教育而引起蒙人激烈反抗的經驗來看，廣西的語言抗爭勢必會加劇，同時得到其泰緬越邊界同胞的呼應。

## 6. 香港特別行政區

　　從中共建黨以來，香港就是中共實質上的金雞母。在與國民黨鬥爭的時期，香港就是共產黨獲取物質金錢的主要根據地，當時是由所謂的白區黨或地下黨來完成這項任務。

　　建國以後，香港更是一窮二白的中共的主要來錢管道。

中共無論在內部政治鬥爭如何激烈的情況下，從來就沒有忽視過香港對中共一黨專政權力系統的支撐力，這點一直維持到習近平搞垮香港為止。

如前文所述，在改革開放前期，中共整體的抄襲了香港政府的土地財政手法。如果沒有這套土地財政的思路，不可能有後來「中國富起來」這件事。

當然，銅板總有兩面，中共因為這套土地財政的妙用而保住權位，但現在也因為這套土地財政的枯竭而面臨解體。關鍵在於，香港當年的土地財政具有英國式的法治管理，加上香港人對市場經濟的澈底了解，才能藉由發明各項政策，將土地財政的效果發揮到極致，而且還維持相對健康的循環。對比之下，中共就像在做一鍋「東北亂燉」，不加節制的將土地財政運用到全國各地方，竭澤而漁。

早自 2012 年，中國全國平均依賴土地及房地產的相關政府收入，就已經達到了駭人聽聞的 70%。隨後不斷加槓桿，中國的整體債務，內債加上外債，2020 年已經達到了 GDP 的 250% 到 300%，土地財政功不可沒。到了今天，沒人知道整體債務總額，即使說是全球最高的 500%，也不是沒有可能。

2020 年的《香港國安法》，對外等於是撕毀了與英國簽署的「一國兩制、50 年不變」的國際承諾；對內等於是自我移除了維持中國金融運轉的體外葉克膜。

很難解釋為什麼當政的習近平會採取如此激烈的自殺式

行為，也很難理解中共黨內的其他派系究竟是無力阻止，還是不願阻擋習近平這樣做，以令他自殘成功。由此可知，中共政治的水是多麼的深。

　　曾經有一度，一國兩制下的香港其實是可以作為中國未來發展的典型。鄧小平當年對香港的態度，推斷之下，其實有把香港特區這個已經被英國調教過的政治發展經驗，推廣到中國內地的其他地區，正如當年設置深圳特區，然後將深圳經驗推廣到內地其他地方一樣。但是往事如煙，今天這個鄧小平當年可能有的想法，已經是鏡中花、水中月了。

　　在香港被粗暴的「內地化」之後，逃離香港的百萬人口，加上原來就在世界各地的百萬香港人，肯定會形成一股對「後中共的中國」有著強烈意見和發言權的一個群體。這個群體的力量，將會受到西方世界的特別重視，到時就看中國人民懂不懂得香港經驗的重要性了。

## 7. 澳門特別行政區

　　澳門非常小，但多少也接受過西方法治精神的洗禮。很長一段時間，澳門是中國內地人紓解壓力的出口，這是因為它具有比香港還要寬鬆的娛樂產業環境。

　　我們很難說澳門經驗將來對「後中共的中國」會產生什麼樣的影響，但是澳門經驗多少會因為它接近香港，以及處在粵港澳大灣區中的位置，而產生一定的影響。

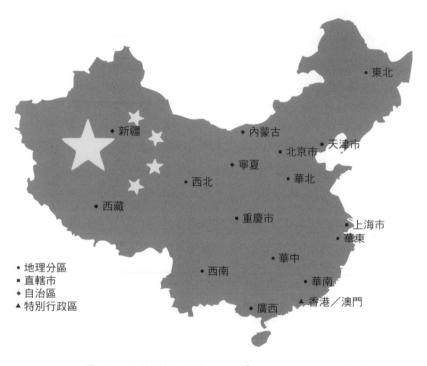

▶▶▶ 圖二：中共統治區域——「7＋4＋5＋2」全覽

在香港的「體外葉克膜」角色喪失後，澳門成了中共家族洗錢的大戶。但這個大戶地位，已經在派系、家族權力鬥爭之互揭瘡疤下，逐日隕歿中。

以上是用地理行政維度，對中共集權統治格局——「7＋4＋5＋2」的簡單介紹。值得特別提醒的有兩點：（1）中

華人民共和國實際上是一個被強迫縫合起來的國家，本質上是一個類似「歐洲大陸＋巴爾幹半島＋中亞」的組合；（2）在統治方向上，中共正朝向「香港內地化、內地新疆化、新疆朝鮮化」的軌道進行。

## ▌「條條」的另類諸侯：央企

所謂中國央企共有 97 家，由國務院國資委直接領導。

理論上，央企是「國有」資產，但在六四全國性的學運、共產黨幾乎慘遭滅頂之後，紅一代的中共元老們意識到一件事——萬一共產黨有一天遭到國內或國際推翻，怎麼辦？當年大清王朝的滿族親貴在義和團、八國聯軍逼近京畿時，慈禧太后與滿臣曾有商議，不得已時退回關外滿族發源地，至少還有一塊吃飯之地。

被蔣介石綁至台灣的前滿洲國軍機要人——愛新覺羅‧毓鋆，曾於台北私塾授課時說：「你們知道什麼叫『倉皇辭廟』嗎？就是半夜被拉起床，衣服都沒時間換，到紫禁城皇家宗廟叩頭，然後出逃——回滿洲老家。」

慈禧出逃至西安而止，後以《辛丑條約》「下詔罪己」收場。六四天安門事件之後，中共元老們問自己：「慈禧有老家可逃，蔣介石有台灣可逃，我們卻無處可逃。」有了這意識，將央企洗為黨產，再由黨產洗出鉅款存至萬惡的西

方，便成了眾家族共識，直至紅二代、三代。這是「江山觀」及「家族特權觀」在錢這件事上的最高共識。

97 家央企無法一一介紹，各位有興趣的話，請直接上網搜尋。以下僅以兩個小故事，讓各位讀了之後，或就有感。

80 年代中，我任職美國某大電腦公司，被派往北京駐京辦，赫然發現客戶之一的鐵道部，擁有員工 300 萬人，從學校、醫院到幼稚園都是自家成立的，儼然一個封建王國。

後來鐵道部成立「中國鐵道總公司」（1989 年），歸屬國資委，該「公司」再於 2007 年「股份化」為中國中鐵股份有限公司，全中國的高鐵就是這家公司建的，其以債務證券化手法，投資 2 兆、舉債 5 兆，加上沿線地方政府之房地產土地財政債務，總財政負擔無可計算。

今天，總通車里程超過 4 萬公里，但是即使在新冠病毒疫情之前，唯一盈利的路線是北京到上海的京滬線，其他全數虧損。

另一個小故事，可看出央企之霸道，以及「塊塊」之權力比不上「條條」：2008 年，我所居住的河北省新小區，電力不足，必須從 2 公里外的電站拉一條高壓電纜至區內。房地產商找上地方政府，花 1 年時間打點無數，終於拿到准證。

後來開始拉線了，預計 2 個禮拜、300 萬的小工程。線拉到一半，發現必須穿過一條鐵軌，地方政府（塊塊）說這必須找上級批准，於是開發商（建商）找上了位於石家莊的河

北省政府，但省政府說：「不准！」開發商代表於是在石家莊租了一個辦公室，天天到「省裡」（塊塊）打躬作揖，送禮請客。

　　過了約 1 年，准了，但是這時才說，鐵道歸鐵道公司管（條條），該條鐵軌的終點是天津港，因此必須再得到鐵道公司的天津分公司同意。於是，到天津又拖了半年。天津分公司准了，但被告知，該鐵軌的起點在山西太原，最終決定權屬於鐵道公司的太原地區總公司（條條）。於是，在太原又耗了 1 年。

　　高壓線終於拉過軌道了，這短短 1 公尺的路程——原定 2 周、300 萬，最後耗時 3 年半、花費 2000 萬元。

　　看來，不諳「條條塊塊」真理的，不只是我這外商，連中國在地的土豪都不太懂！

# 第 5 章

# 牆外國際變因

前一章談的是中國內部，也就是所謂的「牆內」對「後中共的中國」所可能產生的動力或阻力。接下來讓我們看看，中國牆外的國際對「後中共的中國」所可能產生的動力脈絡。

在進入個別地區之前，先來了解近 3 年來，國際上對中國態度的總體趨勢變化。

1989 年 6 月 4 日，天安門鎮壓屠殺事件後，中共花了整整 2 至 3 年，才把國際對中國的恐懼勉強消減了一些，外資開始返回中國。然後在接下來的 20 至 30 年間，國際由接受中國到歡迎中國，再轉向懼怕中國。

2008 年，爆發於美國的世界金融風暴期間，中國跳出來超發了 4 兆人民幣的經濟刺激（但最終連帶出的超發債務高達 32 兆），緩和了世界經濟壓力，從此世界把中國視為「一家親」。

由歡迎中國加入國際大家庭的氣氛轉向懼怕中國威脅，這過程是逐步的，但明顯的分水嶺期間大約是 2019 年至 2021 年間。

這短短 3 年間，許多原來只是「跡象」，變成了「現象」。其中最重要的大約有幾方面：（1）中共的戰狼外交；（2）中共在香港實施國安法，過程中的暴力原形畢露；（3）不顧國際法，強行霸占南海諸島嶼，並擴建軍事基地；（4）新疆集中營；（5）最近驚掉世人下巴的上海粗暴封城封區封

門的清零作為。

在中國生活的人都知道，類似這些事件和現象，年年都在發生，只是因為發生在中國內部，被媒體嚴控的情況下，外人不知道而已。例如 2020 年寒冬中，北京市「清除低端人口」事件，市政府一周內清除了數十萬人的住處和生計，造成數十人死亡，過程之野蠻荒謬，令人匪夷所思。

再如 2021 年的鄭州「水災」事件，數千人死於地鐵、汽車隧道內，不但外人鮮知，連許多中國人都不知道。相對以上所舉出的幾件事，都發生在世人眼皮底下，外人想不看到都不行。

戰狼外交就發生在別國的首都；香港是國際都會、世界媒體集中之處；南海牽涉到東南亞每個國家；新疆維吾爾人乃全球 18 億穆斯林目光所在；而上海，200 年來就是西方最熟悉的東方城市，也是外國人居住最密集的都會。

發生在這 3 年間的事，在國際間產生了一個淨效果：在脫掉熊貓外皮後，中國原來是一頭瘋狂覓食的野熊。到了 2022 年，全球每個國家的政府，不管還是不是中共的朋友，都對此已經心知肚明，嘴巴說不說是另一回事。

因此，當有朝一日中共出現權力骨架要解體跡象的時候，不會再有一個國家出頭阻止，頂多就是冷眼旁觀、保護好自己。一頭健康和樂的大象，人人都會願意親近，但是一頭發了神經的野熊，人人都會敬而遠之，除非那些想吃熊肉

的獵人。

## ▌美國的對中政策，是「切智保共」還是「切共保美」？

討論國際變因，首先當然得談美國。

從國際政治的常理來看，美國歷任政府對「後中共的中國」這個議題，一定已經有了若干思路脈絡。在美中關係良好的時候，或者說在美國覺得中國的利用價值非常大的時候，可能這個議題並非顯學。但是在當前美中關係緊張到互相劍拔弩張的時候，這肯定很快會成為顯學。

然而，當下我們遍觀美國的智庫界和學界，對中國、中共的討論多半還只停留在「中共下一步會怎麼走」，似乎思維上已經自我畫出了紅線，「後中共的中國」彷彿還是個思維禁區。美國熊貓派不談這議題，很容易理解，但是連鷹派都不太談，就很值得玩味了。這現象只能有兩種解釋：（1）美國人的想像力，被自己國家當前的問題綁架而困住了；（2）美國政界其實在醞釀一個對「後中共的中國」的共識，只是現在還不便打草驚蛇。

我認為，雖然美國和中國自 20 世紀 70 年代建交以來的接觸不可說少，但是由於美國向來對中共這個政體的理解太過膚淺，因此對於「後中共的中國」的想像力是先天不足

的。有關這方面，我在《中南海厚黑學：中共不能說的祕密》這本書中，已經有所解析。

相對於美國智庫界和學界，美國政界——尤其是白宮——對於中共的思考，可以說是既膚淺又深刻。膚淺之處在於，民主政治的本質本來就重實務面，「膚淺」可能就是民主體制的特徵；深刻之處在於，他們必須時時刻刻掌握中共政權當下的動態，因此「切片判斷病情」的功夫下得很深。

以川普總統的對中政策為例，他是第一個願意明白講出中國才是長期挑戰美國霸權的總統。在他之前的白宮主人雖然也多少明白這道理，但是不願講明，瞻前顧後。

拜登總統，雖然世人猜測他會對中國緩和一些，但事後證明，他走的是「川規拜隨」的路線，只是不同於川普打直拳，拜登打的是曲線拳。

就在 2020 年 2 月拜登上台之後的一個月，我就寫了〈拜登大考——「切習保共」或「切共保美」？〉這篇文章。川普政府對中國的基本態度是，中國不等於中共，他的長期策略是切共才能保美。但是拜登政府在美國本身的現實處境壓力下，表現出來的只能是兩階段論，先以「切習保共」穩定事態，再看後續時機，是否「切共保美」？

拜登的策略，有點將中國共產黨留校察看的意味。

在拜登政府現階段的「切習保共」路線下，美國政府不會花太多精力，甚至會避免討論「後中共的中國」這個議

題。然而美國不討論，不代表我們不該討論。

　　美中關係的發展是一場馬拉松，我們明白事態的人，應該事前準備好清水，到馬拉松賽道的下一站等待選手到來，提供選手最優質的清水。這是我們不受政治現實牽制的人，所能對世界提前做出的貢獻。

## ▋ 民主台灣，成中共最大威脅

　　談過了美國，接下來就得談台灣。

　　台灣雖然面積比起中國小了太多，但是由於地緣歷史的因素，台灣對一個「後中共的中國」所可能產生的影響力，可能大過世界上其他所有國家。

　　雖然台灣社會內部，目前對自身未來和中國的關係，還沒有一個可稱為共識的看法，甚至還處於分裂的看法之中。有人認為，「後中共的中國」關台灣什麼事，能不碰觸這個議題就不碰觸。有人認為，不管「後中共的中國」如何發展，這個我們目前稱為中國的這塊大陸土地，未來 1000 年都會在台灣旁邊。喜歡不喜歡，台灣都得與它相處，不管它長成什麼樣。

　　這道理，就像是在大象旁邊開了一家精緻瓷器店，無論這頭大象將來是趨向健康，還是長期瘋狂，還是解體羽化成為數頭中象、小象，瓷器店的老闆都得對大象生理、心理學

具備足夠的知識及「預策」才行。

美國政府，不管他們的官方立場如何，在經過過去幾十年的經驗澄清之後，我想都已經意識到一個關鍵命題：台灣是中國人民在想像未來時，不能不參考的一個座標，而且可能是最重要的一個座標。不論是制度、價值觀還是生活方式，台灣即使自己想缺席，現實上美國都不可能讓台灣缺席，世界也不會容許台灣置身於外，只做看戲人。

這道理其實很簡單。「後中共的中國」，不論是其中的政治掌權者還是普通平民，雖然可以參考的發展模式，涵蓋了美國、歐洲、越南、新加坡和日本等國家，就像中共改革開放初期一樣，誰都可以成為參考對象。但是，台灣具有一個因素是所有其他國家都不具備的，那就是台灣所使用的文字還有語言，是中國人從上到下都可以無障礙理解的。

雖然美國至今只用抽象的形容，如「民主制度的燈塔」來期許台灣，但是世界上民主制度的燈塔很多，落到實務面，只有台灣的經驗是以「方塊字」（漢文）承載的，那是中國上上下下每個人都可以直接心領神會的。對一個「後中共的中國」，總不能憑藉北歐民主國，或只會英文的西方民主國家來「指點迷津」吧！

中共非常清楚，對其一黨專政體制的最大威脅，就來自台灣的政治社會經驗。台灣已經證明了，同樣使用方塊字的文化圈內，只要地理範圍不太大、人口不太多，就可以在一

代人的時間內實現一人一票的民主。這等於是向同樣使用方
塊字的中華人民共和國人民證明：只要在人口、地理的合適
安排形式下，他們也有這種可能（進一步的論述，請見第八
章「台灣的預策」）。

## ▌日本與中國的恩怨情仇能否化解？

　　日本人對於「中華」的概念，遠遠早於現在的中國人。
現在中國的中華概念，其實來自日本，也就是梁啟超、章太
炎等人從日本人借用來的概念。

　　從中國人的角度看，日本與中國的恩怨情仇幾乎是無可
化解。但是如果我們把歐洲歷史作為一個對比，歐洲國家種
族之間的恩怨情仇，比起中日之間不知程度要超過多少倍，
但是歐洲人總能克服。

　　說一個小故事。80 年代我在紐約哥倫比亞大學進行哲學
研究時，有一位來自義大利的女同學聽我提起中國人對日本
人的百年怨氣時，驚訝的說：「你們東方人太奇怪了，在歐
洲沒有一個國家沒和其他國家打過仗，英法相互侵略、德國
時而與義大利友好時而戰爭，每個家庭中都有祖輩從其他國
家或其他民族搜刮來的紀念品，國家民族之間的相互殺戮不
計其數。但是歐洲人每次在打完仗之後，都能很快找到和解
共存的方式和共同利益點，然後又合作起來。為什麼你們東

方人，100 年前的戰爭仇恨還記得這麼清楚呢？一代一代的傳下去，沒完沒了，你們的年輕世代受得了這種折騰嗎？」

因此，對於一個「後中共的中國」，日本人對中國的態度很重要，但是中國人對日本的態度更重要。確如我那位義大利女同學所說，整個東亞似乎沒有一個心態健康的國家，中國不健康、日本不健康、韓國不健康，台灣也不健康。

日本和台灣一樣，未來 1000 年、10000 年都得與中國這個大陸塊隔海相望。如果雙方人民沒有辦法達到某種相處的共識，對雙方來說都會是場災難。

在現在的國際關係情勢下，日本對中國是採取防範態度的。但也別忘了，在中共改革開放的最初期，給予中國最大財力援助的國家，就是日本。

對中共的集權機器解體這件事，日本肯定是樂見的。但是我們不能因此就假設，日本對一個「後中共的中國」懷有惡意。日本社會也必須馬上開始探討「後中共的中國」這個議題，並使中國一般人民了解日本人的態度。這點至關重要，必須強調再強調。

在軍事實務上，台灣對日本的眼前安全，比對美國的眼前安全還更重要。不只台灣對北部宮古海峽的防禦意義，更可怕的是，台灣東岸的峭壁地形，乃太平洋最佳的潛艇基地地點。潛艇只要一下沉就可不見蹤影，並立刻進入全世界最深的馬里亞納海溝。這海溝最深達 1 萬公尺，南北走向，走

到北端就在東京旁邊。

　　日本還是個無核武國家，但是它的數萬噸「鈽」及「鈾」存量，加上軍工基礎，短時間內就能擠進核武前三強。

## ▋扮演關鍵少數的朝鮮，如何決定中共命運？

　　我過去曾經說過好多次，最終決定中共命運的，搞不好不是華盛頓、不是北京、不是莫斯科、不是台北，而是平壤。

　　朝鮮金家三代獨裁，當下的大統領金正恩對於整個國家的控制力，不知超過習近平多少倍。雖然在實力上，朝鮮完全無法跟中共所統治的中國相比，但是在中共的命運上，朝鮮卻扮演了「關鍵少數」。所謂「關鍵少數」，就是一個成事不足、敗事有餘的角色。

　　在少年金正恩剛剛上位的時候，中國人民最擔心的其中一件事，就是朝鮮的核彈可以制導直接射到北京。這顯示朝鮮與中國雖然是唇齒相依的關係，但是中國人民對朝鮮政權的信任遠遠低於對南韓政府的信任，這是一件非常諷刺的事實。

　　世人現在最擔心的一件事就是：美國和中共之間會不會爆發衝突，導致第三次世界大戰？

　　但若由現實政治來看，作為關鍵少數的朝鮮挑起第三次世界大戰的能力不會小於中共。從捉摸不定、隨時準備「攬

炒」大局的角度來看，你是比較信任北京還是平壤呢？你真
的相信金正恩是習近平的應聲蟲嗎？

　　一旦中共出現政權不穩甚至政權將要解體的跡象時，朝
鮮是絕對不會錯過這次機會，而且金正恩具有從中獲利的最
佳身分。對於這一因素，我們絕對不能輕視。

## ▊ 南韓人認為中共比朝鮮更危險？

　　南韓這個國家，對於中共政權的存亡看起來沒有直接的
關係，但事實上具有相當的分量。

　　南韓與朝鮮雙方都具有統一的動機，但是雙方現在還存
在交戰關係，僅僅是休戰狀態。

　　雖然雙方都有統一的動機，但是這動機不見得是和平
的。朝鮮對南韓的武力威脅從來沒停過，南韓也隱隱約約的
暗示，在必要時刻不排除被動性的發起軍事行動達到統一。

　　就在幾年前，南北韓緊張局勢升級時，南韓政府便一再
提醒首爾市民，朝鮮若啟動砲戰，首爾的死亡人數將高達 30
萬人。南韓究竟是一個經歷過韓戰的國家，雖然已有美軍駐
防，但政府及民間對戰爭這件事都具備了成熟國家的務實態
度。相對於南韓，台灣政府及社會顯得很不成熟。

　　南韓受導彈威脅的同時期，夏威夷的美國公民也很緊
張，一度傳出朝鮮已對夏威夷發出導彈，導致夏威夷人開始

尋找防空洞。畢竟夏威夷人沒有忘記珍珠港事件。

　　中共知道南韓在整個東亞局勢平衡中的地位，因此對南韓部署美國的薩德導彈防禦系統非常在意。薩德系統已經在日本和關島部署，再加上南韓這一點，就構成了一個三角形的更有效偵測預防系統。

　　南韓新任總統──「國民力量黨」的尹錫悅，已經公開要加緊部署薩德系統之政策。他的當選，應該和南韓民眾普遍將中共視為比朝鮮更危險的這個認知有關。

## ▋ 印度和中國的隱密戰爭：水資源爭奪

　　中印之間，由於夾在中間的西藏問題，關係可能長期無解。中共不可能放棄青藏高原這一大塊天然的地理屏障，印度雖然目前承認西藏是中華人民共和國的一部分，但是在地緣政治上仍然支持西藏有朝一日能獨立自主，這從印度一直提供達賴喇嘛保護可看出。

　　雖然印度和中國目前還存在印度東北角、西藏西南角之間的領土紛爭，但那只是表面上的理由，對雙邊來講，那一小塊土地都沒有什麼實質意義。

　　印度對中國未來百年甚至千年的顧慮，真正原因是雅魯藏布江，也就是印度恆河水系的上游。

　　國際戰略家都知道，不用再 10 年，水資源的重要性可能

就會大過石油資源。中共有一套潛在大戰略,只要控制了雅魯藏布江的水源,就等於控制住印度的水源水系。中共不但在雅魯藏布江大量修建水庫,甚至有截斷、改道雅魯藏布江的計畫。這讓印度極度焦慮,也是印度不能失去對西藏的影響力的重大原因。

因為宗教因素,原來的大印度在獨立時期分裂成為兩塊,也就是今天的印度和巴基斯坦。巴基斯坦是中共所謂的「鐵哥們」,基本上對中共是言聽計從,也形成中國制約印度的主要力量之一。

巴基斯坦與中共之間確實具有長期的交情,但那不是文化上的交情,也不是人民之間的交情,而是現實政治上的交易。中共對巴基斯坦的援助不計其數,但是在自身財政出大問題、一帶一路基本失敗的情況下,中共還能否繼續支援巴基斯坦,是值得懷疑的。一旦支援減少,巴基斯坦會不會生出二心,也值得關注。

## ▍中共喊話東南亞華僑,挑起政治敏感神經

在印度之前我們談了台灣這個國際變因,接下來要談東南亞。但是談到了這裡,有必要先點出印度、東南亞和台灣之間的區域地緣關係,因為這對「後中共的中國」的可能走向,有著密不可分的關係。這個要點就是:台灣海峽是整個

東亞經濟的命脈，而南海是台灣海峽的命脈，印度洋又是南海的命脈。

在政治或文化上，我們習慣用「區域」的觀念來作區隔切割，但這是為了方便討論。在自然地理上，諸如河流、海洋是一貫的，例如海洋中適合航行的航線通常是跨區域的。

在承平時期，我們可以用諸如「領海」「專屬海域經濟區」和「國際公用水域」等可測量的虛擬線條來加以規範。但是在國家衝突時期，水域、航線的封鎖是經常出現的。因此，哪段公用水域、空域對哪個國家具有經濟生死存亡的意義，在我們判斷國際事務時是非常關鍵的。

對「後中共的中國」這個議題的探討，我們必須了解，由於水域及航線的關係，事實上日、韓、台、東南亞、印度，在經濟命脈上是一個命運共同體。

狹義的東南亞指的是東南亞半島，但是廣義來說，印尼也可歸入東南亞的概念。

中國經濟崛起之後，基本上中共把東南亞看成經濟上的後花園，有點像上海把杭州看成自己的後花園一樣。稍早，中共以東南亞作為剩餘生產力的洩洪口；稍後，中共把東南亞視為「一帶一路」全球戰略的重要據點。在經濟上及政治上，這是一個大循環。

中共打的如意算盤是：我把我的剩餘物資換你的錢，再用你給我的錢投資到你家，換來一生一世對你的控制。當

然，現在中共這把算盤已經掉滿一地珠子了。

在 2010 年之後，中國開始出現生產過剩，洩洪口就是東南亞。它把將要淘汰的工廠設備，轉移到東南亞作為投資；而以一帶一路的名義對東南亞所做的投資，事實上是給物資卻不給錢。

從東南亞歷史來看，就能非常清楚中國的威力。越南曾是大清國的藩屬國；柬埔寨的吳哥窟古城遺跡中，有一面巨大的石牆，上面雕刻的是吳哥王朝時，吳哥國與交趾國作戰，東吳的孫權派兵援助吳哥國的場景。

越南在 1960 年代美國入侵時，曾經奉中共為老大哥。但是當中共決定加入美國秩序之後，鄧小平在 1979 年訪美回來，立刻對越發動戰爭，對美交出投名狀，戰後對外宣稱勝利，事實上最多是平手，甚至是失利。

美國的公共電視台多年前曾拍過一部紀錄片，分別訪問美國在越戰時的國防部長麥克納馬拉（Robert McNamara），和越共當年的元帥武元甲。武元甲對美國記者說：「你們美國人太愚蠢了，擔心我們越南和中共結盟，卻不知道越南和中國是千年世仇，永遠不可能成為真正的盟友。」

統一後的越南，雖然也號稱共產國家，但是越共的改革速度遠遠超過中共。他們學習了鄧小平的改革開放，但是很早就意識到，沒有政治改革是不可能的。因此越南共產黨，很快就開始做出黨內改革。

　　首先第一步，就是在選舉領導人時，實施差額選舉，也就是參選人不能少於兩人。就這麼簡單的一步，中共到現在還做不到。因此若某天中共出現體制解體的時候，越共的持續改革經驗一定會成為其參考的一部分。

　　緬甸是個軍政府，蠻橫之處不會小於中共。但由於地理上與雲南接壤，種族文化上也與雲南血肉相連。天然上，緬北與雲南是同一地區，但由於中共建國後大量漢人遷徙到雲貴，種族糾紛開始不斷。多年前，兩地交界處的果敢屠殺事件，就突顯出這種國界上的衝突。

　　中南半島的主要水系湄公河，上游就是中國境內的瀾滄江。這情況，與印度境內的恆河上游是雅魯藏布江情況一樣。中共在瀾滄江上蓋了幾百座水壩，完全可以控制下游湄公河的水量。在水資源上，東南半島等各國的命脈捏在中共手裡。

　　中共的公安系統沿著湄公河，勢力深入中南半島各國。例如 1980 年代最早的海外民主運動領袖王秉章，就是在泰國北部被中國公安綁架回中國服刑的，目前生死不知。2016 年香港銅鑼灣書店事件中，擁有瑞典國籍的書商桂民海，也是在泰國境內「被失蹤」的。近幾年來，中國在全球各地鎮壓綁架的事件至少二百多起，其中東南亞地區是重災區。

　　除了沿著水系，中共也試圖藉著修建貫穿中南半島南北的高速鐵路系統，打通它對中南半島的勢力範圍。但是包括馬來西亞和泰國在內的各國政府，前後都一一取消這些附屬

於一帶一路的項目。

　　菲律賓的新任總統小馬可仕（Ferdinand Marcos Jr.）就任時信誓旦旦的說，在與中共的南海島嶼爭端上，「不會放棄1釐米的土地」，並於 2022 年 7 月初，在前駐美軍的克拉克空軍基地宣誓說，菲律賓將建立強大空軍協助海防。讓我們來看他接下來的實際作為。

　　一旦中共的集權統治骨架開始出現解體的跡象時，最緊張的恐怕就要算中南半島諸國了。歷史上，他們受到北部來的皇朝的壓力太大了。因此，每個中南半島國家對於目前的美中衝突，都會覺得自己是局中人，而不是局外看戲人。

　　印尼這一個由幾萬個島嶼組成的海上國家，表面上看起來和中國採取什麼樣的政治體制沒有什麼關係。但事實上，印尼有一個深受中共政策影響的因素，那就是廣大的印尼華人群體。歷史上，印尼出現過幾次大型的排華運動。

　　照理來講，種族的移民，是人類的家常便飯，幾百年來中國東南沿海的居民遷徙到東南亞各國包括印尼在內，是一個非常正常且自然的現象。到了其他種族占主體的地方，變成了所謂的華人，本來就應該認同當地。例如，移民到了馬來半島的華人，最終相當一部分來到了馬來半島南端、一個 600 多平方公里的小島上，與當地其他種族一起建構了一個新國家，叫做新加坡。

　　但是中共在建國後，從來沒有放棄過對移民華人的統戰

工作。這是極不道德的，因為這等於鼓勵已經在其他種族社會中生根的華人，變成社會中的異類，最終導致其他種族的排華。

因此，在中共這部機器出現權力解體的時候，全球各地的華裔少數，一定也會希望能夠表達他們對一個「後中共的中國」的看法，因為這會影響到他們在當地其他種族人眼中的印象與地位。

東南亞國家已經開始發覺中國可能變成一個比日本軍國主義更可怕的侵略性國家。日本當年的大東亞共榮主義，實質演變為侵略主義，但背後至少還有其土地狹小、資源缺乏的背景。中國卻是一個資源充足且有 13 億人口的國家，在這樣的背景下還發展出侵略性，顯得更為可怕。

由於有了這種警覺，亞洲的大英國協（Commonwealth of Nations）國家如澳洲、紐西蘭和新加坡等，已經於 2022 年重新啟動已熄火 50 年的大英國協安全協議框架（有關英國在亞洲安全中的角色，請參考本章小節「英國再度過問印太事務，脫歐入美」）。

# ▌ 俄羅斯將成為拖垮中共財政的巨大窟窿

俄羅斯擺脫共產黨的集權統治已經有超過 30 年了。今天由普丁統治的俄羅斯，固然集權的色彩不低，但是其本質已經不是共產黨的集權，而比較回歸到傳統俄羅斯帝國或東正教式樣的集權。

事實上普丁在 2014 年入侵烏克蘭的克里米亞時，打的招牌是反共，加上住民自決的普世價值。他當時說，烏克蘭的政治受共產黨的遺毒太深了，以致烏東地區有大量俄羅斯人遭到迫害。他以「住民自決」的聯合國原則，在克里米亞舉辦全民公投。2022 年，他入侵烏克蘭東北部，打的旗號也是住民自決。

不過俄羅斯打著的大俄羅斯主義，是歷史上實實在在發生過的，不像中國共產黨打的大中華主義旗幟，只不過是近百年來的發明。在這點上，普丁和習近平是同床異夢的，一旦失去了戰略上和經濟利益上的交匯點，兩國就會分開，甚至陷入衝突。

俄羅斯地大物博，在擺脫了列寧、史達林式的共產政體後，理論上可以經營成為一個堅實的國家，然而在給了普丁將近 30 年的執政機會後，俄羅斯成為了一個追求帝國榮光不得、融入近代工業體系亦失敗的國家，被譏為「不過是一個巨大加油站」，僅靠老天所賜的石油和天然氣，支撐了 40%

的外銷以及 60% 的國家財政。

國家悲劇，往往來自領導層和普羅人民無法接受的事實，而陷入「舊情綿綿、舊恨綿綿」之中。1992 年蘇聯解體後的俄羅斯，就是一個標準範例，而我們今天看到的中國也在往這條路上走。這兩個具有數千公里接壤線的國家，在利用所謂的「民族情緒」這件事上，稱為難兄難弟亦不為過。

2022 年的俄烏戰爭，勢必成為尾大不掉的局面。在美歐率頭，有如晴天霹靂的經濟、金融制裁下，普丁即使讓步，俄羅斯的國際地位和經濟創傷，若欲恢復至戰前，至少也需要 10 至 20 年時間。

一部分人所擔心的「俄中聯手制美」，固然有可能發生，但是結果預估將是：三國演義中所描述的「火燒連環船」。普丁在經濟基礎陸續被掏空的情況下，只有緊抱習近平，如此俄國就可能成為中國的一個大朝鮮式的負擔。

從本書以「財政」定義「後中共的中國」的視角來看，俄烏戰爭的後果就是：俄羅斯成為一個拖垮中共財政的巨大窟窿，加快了中共集權財政解體的速度。

## ▌歐盟如何看待中共的戰狼外交？

歐盟的出現，本來就是二戰之後所有歐洲國家的一個共識：歐洲不能再分裂了，歐洲必須作為一個整體，在未來的

世界中才能夠形成至少自保的力量。

　　整個歐洲近 400 年來的歷史，可以說是對「主權」（sovereignty）這個概念反省的結果。近代政治中，可以 1648 年在今天德國境內的西發利亞以及明斯克市所舉辦的一場會議，史稱「西發利亞會議」，作為對主權這個概念的分水嶺。隨後 400 年的國際秩序可稱為「西發利亞秩序」（Westphalian order）──一個以「主權」為本的國際規範。

　　西發利亞會議確定了主權概念，也就是通過談判來決定每個國家的領土邊界、治理範圍，以及所有屬於這個國家的權利。

　　西發利亞會議之後的 400 年，可以看成主權概念在風雨飄搖中成長和顛簸的過程。主權概念，時而被用來作為自衛的理由，但也時而被用來作為侵犯他國的理由。一戰及二戰，都對主權概念的邊際產生了無與倫比的衝擊，但是無論如何，最終世界還是以主權概念作為國與國之間的規範標準。我們可看到，一直到 2022 年俄國侵犯烏克蘭，侵犯方和被侵犯方所依據的理由都是主權。

　　歐盟的存在有一個絕大的真實意義，那就是歐盟各成員國都已經放棄了「絕對主權」概念，而接納了「跨主權」概念的存在。

　　歐盟各國之間放棄了邊界的概念，歐洲火車系統貫穿各國，穿越國境時，無需再檢查護照簽證。另外，各國也放棄

了自由貨幣的概念，採用統一的歐元。但是，財政與稅收還沒有統一，這是因為如果連財政和稅收都統一起來的話，歐盟就變成一個傳統意義下的統一帝國了。例如當年英國還在歐盟之中時，就拒絕採用歐元，繼續使用英鎊。

另外一個還未跨主權的面向，就是國防。各國還是保持自己的國防力量，使用聯合安全協議的形式，來增強整體的國防力量，主要的工具就是北大西洋公約組織（North Atlantic Treaty Organization，NATO，以下簡稱「北約」）。我們可看到，土耳其雖然是正式的北約成員國，但是歐盟一直拒絕土耳其正式加入歐盟，這是因為害怕土耳其的軍事野心太大，同時也擔心土耳其與俄國之間的關係。

歐盟的跨主權結構，還有很多有待磨合的地方，但也有許多非常有啟發性的現象。例如歐盟接納了一些南斯拉夫分裂後的獨立小國之申請案，但是似乎還沒有把握：這些小國之間會不會再發生戰爭？

再如一個有趣的案例，希臘和馬其頓之間對某些領土有爭議，結果在 2019 年，馬其頓決定把爭議領土歸於希臘，並且把馬其頓的國家名稱贈送給希臘使用，自己改國家名稱為「北馬其頓」。也因為這個政治動作，歐盟於 2020 年給予「北馬其頓國」的准入地位。這個案例，應該對台灣很有啟發性。

歐盟與兩個大國經濟關係密切，幾乎到了沒有這兩個大

國，歐盟經濟就難以持續的地步。一個是俄國，歐盟國家對俄國的能源——石油及天然氣，依賴程度從30%到60%不等。

人們很難想像，歐盟在政治上與俄國對著幹。然而在2022年俄烏戰爭中，我們看到原來一半能源依賴俄國的德國，已經決定在2025年之前擺脫對俄國能源的依賴。

當前德國的經濟外銷，中國市場占了40%，我們也難以想像德國可以對中共強硬起來。但是現在看到了德國對俄國能源依賴度所下的決心，德國的外銷產業逐步擺脫對中國市場的依賴，也不是不可想像的。

在中共的戰狼外交下，歐盟各國——尤其是文明高度發達的北歐國家——對中國的態度急轉直下。歐盟作為一個整體，已經意識到：中國若繼續推行其集權統治機制，歐盟不可能和中國繼續關係深化。這點從歐盟中的小國如捷克，近來對台灣的態度可以看出來，再明白不過了。

如果要談大一統和獨立的概念，世界上大概沒有比歐洲人更明白其中利弊了。台灣的忠實聽眾，將來肯定是歐洲人。他們在地緣上，和台灣雖然沒有直接的利益關係，但深厚的歷史經驗，早就享受過了什麼叫世界霸權，對小國獨立的渴求也有充分的認識。他們會了解台灣在說什麼的。

## ▍英國再度過問印太事務，脫歐入美

英國必須單獨拿出來談。歷史上，英國永遠是地球上權力格局的平衡器。每當英國有政治大動作時，一定是他們嗅到了地球權力的變化。參加歐盟時如此，退出歐盟時也如此。

3 年前，我在〈英國脫歐入美：叢林風轉狐先知〉這篇分析文章中，所預測的大意如下：

在掂量世局，尤其在美國總統川普提速促成國內的「制中」共識之後，以及在面臨排山倒海而來的種種脫歐壓力下，務實理性的英國政界達到了一個二戰以來，全球勢力板塊挪移經驗之下的最大共識：未來幾十年，最符合英國利益的全局策略就是「近鄰不如遠親，脫歐入美」。

早前，當中國提出一帶一路概念、成立亞洲投資銀行的時候，英國是第一個違背美國意願而加入亞投行的歐洲國家。當美國的亞洲新戰略剛剛成形的時候，第一個表示配合的國家也是英國。英國打破了二戰以來的承諾——軍艦不過蘇伊士運河以東，這表示英國已經準備好再度過問印度洋、太平洋事務，也就是印太政治。

一戰前後，英國和日本結成軍事聯盟（1902 年至 1923 年），共同維護兩國對大清國及朝鮮半島的利益。簽約不久，日本就大膽開啟了日俄戰爭。

　　二戰時期，英國與日本人是敵對國家，在中南半島展開了殊死戰。英國對亞洲政治生態的理解，一直到今天，遠遠超過美國。在即將到來的地球秩序大變動下，有朝一日，如果美國把印太安全外包給英國、日本、印度，大家不要感到太詫異。

　　中國社會、知識界，甚至中共權勢圈對英國的理解偏向淺薄，他們總是拿國家的地理面積評價對方的分量。他們腦中的英國人大致局限於火燒圓明園時的八國聯軍（史實上，火燒圓明園的是外國人還是中國人，尚無定論）和上海的英租界。

　　他們對英國在現代民主法治制度上的貢獻，雖然也有所了解，但是卻對英國這個島國，何以能夠一度統領半個地球的原因不求甚解。對於英國紳士的正直，以及英國政治家既務實又老滑這兩種面向，究竟是在哪種靈魂下統合起來的問題，中國人是沒有興趣追究的。

　　自然，中國很少人試圖去了解一個問題：為什麼新加坡和香港這兩個華人占多數的彈丸之地，能夠在英國制度的傳統下，如此法治嚴明，並成為世界金融中心？

　　在中共官方的大外宣下，只把新加坡和香港的面貌歸功於「中國人的勤奮」。但中共並不知道：新加坡和（國安法前）香港的英國範式，將對中共解體以及「後中共的中國」

面貌產生多大的衝擊。

而關心「後中共的中國」是否可以「民主化」的人士們，也必須問自己一個關鍵問題：新加坡只有 650 萬人居住，香港約 700 萬，台灣也不過 2350 萬人，而 13 億多人口的中國，民主化的步驟應該怎麼走才不會失序？分開實施嗎？參考印度 10 億人投票的經驗嗎？這是個無可迴避的問題。

## ▌對中東資源的依賴，足以壓垮中共財政

中東對中共採取什麼態度？我想是現實主義的，因為中國是中東石油的最大進口國，其中最重要的當然是產油量最大的沙烏地阿拉伯。

拜登總統於 2022 年 7 月分訪問該國，目的是說服沙烏地將俄國由 OPEC 石油組織排除在協議國之外。我想沙烏地可能會同意，但如果提到中國，我想沙烏地還不會同意。但是如果以下場景發生，那就不一定了。

由於伊斯蘭教派之間的歷史恩怨，沙烏地阿拉伯與伊朗是死敵，敵對程度超過了沙烏地伊斯蘭與以色列猶太之間的程度。在地緣因素下，以色列又與伊朗是死敵。

換句話說，沙烏地和以色列有個共同涉及生死存亡的死敵——伊朗。什麼意思？就是在美國不改變對伊朗的敵對制裁政策的前提下，有朝一日，沙烏地和以色列出現和解的可

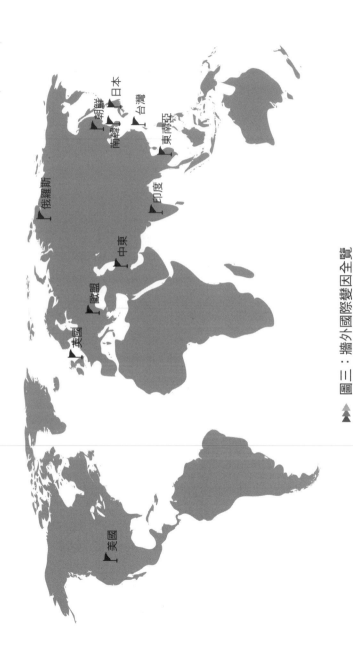

圖三：牆外國際變天全覽

能性非常高。

　　倘若這件事發生了，整個中東及波斯灣格局就會出現顛覆。這種顛覆，將對中共的集權統治骨架產生戲劇性的衝擊。在當前俄烏戰爭、全球能源供應鏈面臨斷鏈之際，美國汽油價格大漲、民怨四起，總統拜登依然以其「綠色能源碳中和」為名，堅持不開放美國本土頁岩油的開採幅度，就政治意涵來說就是在給沙烏地阿拉伯一個機會窗口，一方面催逼沙烏地與以色列和解，另方面敦促沙烏地減少對中國市場的依賴度。

　　如果沙烏地降低其與中共的關係，加上與以色列和解，這將對中共集權統治骨架造成巨大衝擊。

　　中共高度依賴中東的石油，中度依賴以色列的軍事、農業科技。以上所描述的場景，足以成為壓垮中共財政的最後一根稻草。如本書主旨所述，當中共國度的財政解體，中共政體也就解體了。

第 **6** 章

後中共的中國——
變局全推演

# ▌不作改變？小幅改變？中等改變？還是「被大幅改變」？

我們既然以中共的財政收支能力，作為中共集權統治骨架是否解體的標準，那麼我們就用財政現象來推估中共在解體後所可能主動或被動採取的動作，以及這些動作對未來「後中共的中國」之作用，也就是它不作改變？小幅改變？中等改變？還是「被大幅改變」？

首先，回顧一下本書開頭對「後中共」所下的定義：「當中共這個政黨，把中國的財政弄到 80% 以上的省分、直轄市和自治區難以維持財政收支平衡的時候，並且狀況持續了 2 年，就能稱為『後中共』了。無論導致這個狀況的原因是戰爭、經濟，還是社會因素。」

撰寫本書之前，中共統治下的財政還有盈餘的地區，只剩下區區數個了，包括北京市、上海市和廣東省。現在經過了新冠病毒清零政策的政治惡搞，以及習近平意圖二十人續任所激起的派系惡鬥，我判斷，中央及地方財政很快就會集體陣亡。

加上前述的道理：「以中共政體現在的缺錢程度，以及經濟機器的損毀程度，即使改革開放派重啟爐灶，恢復火力至少也需要 5 年時間，但是以當前的國際環境和中國內部的人心狀態，已經不容許這 5 年時間了」，因此我所嗅出的結

局就是：幾年之內，中共只剩下三條路：（1）殭屍般的存在；
（2）狗急跳牆孤注一擲；或（3）面對政權解體時的群雄逐
鹿加上國際壓力。

雖然有此看法，但本書前半部也指出：「此時此刻，除
非依然是世界秩序主宰者的美國出手，以類似二戰後對歐洲
馬歇爾計畫以及扶植蘇聯的力度，扶持中共搖搖欲墜的財政
骨架，否則中共內部啟動的任何回頭動作，都是緩不濟急。
然而我們知道，在 2022 年的當下，美國自身無論在內政還是
外政上都已問題重重，即使有心也是無力。當然，世事難
料，中共如果及時祭出美國難以拒絕的交換條件，或者接受
美國提出的改革條件，或許就可改變歷史走向。」

國際政治水非常深，因此提示各位，以下所做的分析及
推論，都必須以對待「氣象學」甚至「地震學」一般的態度
來面對。

## ▌中共解體？會與不會的理由

即使中共達到了本書所定義的「解體」條件──80% 以
上省分、直轄市和自治區難以維持財政收支平衡的時候，並
且狀況持續了 2 年──在「羅馬不是一天垮台的」「百足之
蟲死而不僵」的原理下，很多人還是不敢想像中共會解體。
即使 30 年前，已經有蘇共在柏林圍牆倒塌後立即解體的經

驗，許多人還是會認為中國國情不一樣，中共也不是蘇共。

　　因此，有必要先綜合一下各種對於「中共不會解體」的觀點：

- 習近平若續任成功，必會拿出殺手鐧，進一步收拾政敵，達於一尊。
- 習近平若續任成功，並進一步鞏固權力後，會路線大轉彎，進行「具有習氏特色的改革開放」。
- 只要擺脫「一人專政」、恢復集體領導制度下的「一黨專政」，中共就可延壽。
- 即使中共集權統治式微，中國人民的傳統順民奴性在已經網格化控管之下，也無反抗能力。這看法的標準表述就是：六四天安門的結果又如何了？香港百萬人上街遊行又如何了？
- 中共治下人民已經散沙化、原子化，無自發組織的自發秩序能力。
- 雖然說「中國」是個強力縫合起來的國度，但中共治下已經接受孫中山的「建國方略」框架，在國有／黨有系統下建立了跨區域的建設，例如高鐵、電網、水網和通訊網，這些物理縫合線是無法解體的。
- 多數人民已經默認「沒有共產黨的中國會大亂」這個命題。

- 民族主義的洗腦已經大大完成，中共專政 70 幾年來，各地固然騷亂不斷，但始終沒有出現「張獻忠[5]現象」，連大飢荒、文革和疫情封城都度過了。
- 軍變已經不可能，政變不過是換班子做罷了。
- 蘇共之解體，乃因為蘇聯原本就是聯邦制度，而中共控制的中華人民共和國，和聯邦體制沾不上邊。

也許還有其他對「中共不至於解體」的理由，但此處就先打住。為了公平起見，此處也得列出種種「中共可能解體」的理由：

- 雖說黨指揮槍、解放軍一直到今天都只是黨軍，但是黨的內鬥會促使軍方出現二心，槍彈分離的軍隊無法打仗，一旦打起仗來，槍彈合一下的軍隊就可能軍變。
- 集權的詛咒。960 萬平方公里的國土面積上擁有 13 億多人口，歷史已經證明「一放就亂，一亂就收，一收就死，一死就放」的死循環，「一鞭子到底」的集權結構，已經與歷史上的皇朝「編戶齊民、鄉紳自理」結構無可比性。

---

5　字秉吾，號敬軒。明末榆林府人，大西政權締建者。明末農民起義領袖之一，與李自成齊名。

- 從經濟面向看，收入落差極大（估計頂層幾十萬人，中層 2 億人，糊口民工 2 億人，貧困人口 6 億人）；在中央和地方財政集體失能的情況下，這種結構中的階級摩擦，足以導致統治政權解體。

- 從權力面向看，在加強「數位（字）控管」之後，中國會兩極分化，成為沒有連結通道的「管控階級」和「被管控階級」（我稱之為「二字型社會」），結構難以持續。

- 防火牆如柏林牆，只需技術突破、推翻防火牆，中共的統治威信三個月內就得解體。

- 由於中央和地方都沒錢了，幹部體系、公務體系只能躺平，當執政機器停擺，原有「一桿插到底」的體制必然柔腸寸斷，地方只能自力救濟、自保。例如，疫情期間出現過的各地自保和物資截流。

- 官場已經進入澈底扯皮狀態──不做不錯，誰先做誰先下台，並陷入「官逼官反－官逼民反－民逼官反」的高速惡化螺旋。

- 總體對中共執政的信心高度下降，人心浮動是跨區域、跨世代的，對個人財產、思想和言論的侵犯已經全面鋪開發生。

- 糧食安全、能源安全、環境安全和天災人禍同時發生。

- 國內經濟和國際經濟壓力同時鋪天蓋地撲來，內需、

投資和外貿三個引擎同時熄火，生產力停擺帶來大量失業、小微企業倒閉和供應鏈斷裂。

• 耕收周期嚴重失調、極端氣候帶來糧食短缺，80 後世代已經不可能「吃草也能活 1 年」。

即使有國有／黨有的跨區域系統，例如高鐵、電網和水網，但歐洲也是布滿了同樣的跨國／跨區域系統，運轉機制相當順利。

另外一個值得關注的視角是，在 2020 年至 2022 年間，中共全國封城封路現象顯示，中國的「跨區域交通系統」是如何的脆弱，無論中央如何嚴令，各省市只要隨便掰一個理由，出動地方力量，就可將任何其他省市的交通工具擋下。

2020 年，美國出現共和和民主兩黨對著幹之後，中國許多「有識之士」開始談論美國陷入「內戰」的可能性，卻對中國內部有關跨域路、電、水的脆弱性更可能引發中國內戰這件事，避而不談。

在條列了「中共不會解體」和「中共可能解體」的各種理由之後，各位可能自會形成各自的判斷。本書作為一種想定，接下來就在其定義範圍內，繼續加以討論。

# ▎中共解體後，還有「中華人民共和國」嗎？

歷史固然有其路徑依賴，也就是體制結構的慣性，用俗話來說，就是「羅馬不是一天造成的，也不是一天坍塌的」。但是，如果我們在思維上不汲汲於中共解體後短短數年的狀況，我們不得不問一個問題：中共內部尚存的有識之士，在大局觀下，思維有無可能回到「建國」前甚至「建黨」前？

建國前與建黨前這兩個概念，其實可以體現在「毛澤東的兩個轉折點」上。

兩個轉折點，就是 1920 年毛澤東深信「中國」必須拆解為 27 個獨立國家才有前途，還有 1949 年其苦惱於國號究竟要不要維持「中華民國」這件事上。

在這兩個「毛澤東困局」下，都沒有「中華人民共和國」的存在餘地。而第一個毛澤東困局下，甚至沒有「中國」存在的餘地，但這是後話，將隨後解析。

在習近平被封為「總加速師」的同時，中國內部流傳出許許多多類似「一夕回到解放前」，或「一夕回到改開（改革開放）前」之類的警語。但是，今天中國人在被「大一統」「中華民族偉大復興」和「中國夢」澈底洗腦之後，沒有多少人的思維敢於設想「一夕回到大清解體後」的狀況。

即使在大清國解體之前，其疆域內就已經出現了「東南

聯省自保」運動，歐洲人也曾鼓動李鴻章自立，但由於李鴻章那時已無嫡系部隊，因而只能抱憾。

那是一個世局動盪的時刻，連夏威夷國王都曾致函李鴻章，懇請他出面勸阻美利堅共和國不要兼併夏威夷，但李鴻章尷尬的拒絕了。

今天的世局，很難說不如當年般的動盪。國際金融體系的脆弱、俄烏戰爭帶來的歐洲變局、科技通訊帶來的去中心化力道、中共秩序與美國秩序的脫鉤、美國出現的憲政危機、千禧世代對 LKK（老摳摳）世代的不屑，在這種種連動因素的相互激盪下，我們的思維翅膀不能被陷在框框中。

「中共解體」和「中國解體」是兩個層次的問題，具有極強的關聯性，但還是不能混為一談。在前文對「中共解體」做出定義範圍後，這裡再對「中國解體」這個概念畫出邊際。

當然，我很清楚知道，許多人並不同意本書對「中共解體」及「中國解體」的定義，但有效的討論總得有個範疇。我不排斥且歡迎各界提出不同的定義及推導。

此處對「中國解體」的定義範圍是：當前人們對「中華人民共和國」這個政體統治力有效觸及的地理範圍，也就是政治意義下俗稱為「中國」的地理區域，發生政治制度上的分裂，出現政治制度不同的多個實質政體，就稱為「中國解體」。

若嫌上述定義太抽象，也可給出一個「接地氣」的定義：

當各個區塊出現用非人民幣的外幣可以買菜、來自北京的指令被扔進垃圾桶、該地的地方勢力可以自由獲得外債、自由容許或禁止外地人、外地交通工具進出本區的時候，就算是「中國解體」了。

　　無論是「中共解體」還是「中國解體」，都屬於國體和政體改變的問題。

　　接下來，我們分別由「不作改變」「小幅改變」「中等改變」和「被大幅改變」來看未來。開始之前，我必須再度提醒，這幾個層次之間沒有一刀切的界線，這不是刀切豆腐的問題，而是「稀飯燉煮到何時才可稱為粥、粥燉煮到何時才可稱為乾飯、乾飯煎到何時才成鍋巴」這種性質的問題。

## ▎不作改變──奉陪到底，加倍奉還

　　所謂「不作改變」，本書之前也已說過：「不排除『後中共的中國』以一種殭屍的型態存在，比如說與國際脫軌鎖國，人民吃草活著。」假若習近平在中共二十大得以續任，或他以發動對外武力事件，藉故不開二十大，或在二十大中出現「X 上習下」，而回到「九龍治水」的前習近平狀態，都不屬於本書討論的範圍。不是這些現象不重要，而是對這些現象的分析都已經成書了，不必在本書中贅述（請參考我於 2021 年的著作《被迫一戰，台灣準備好了嗎？》，以及個

人網站「前哨預策」中的上百篇專文）。

不作改變之下歹戲拖棚的狀況，大概就是一種運轉機器停擺之後的殭屍化存在。中國人口的 65% 已經「城鎮化」，但是其所在的城鎮，真正具有公共服務的只是少數。

在 30 年改革開放期間，「城鎮化」不過是領導大筆一揮，畫到哪算哪。這是有「財政意義」的，「被城鎮化」的人口愈多，地方能夠向中央要錢的名目就更多。

經年累月，中國城鎮中存在著大約有 3 至 4 億享受不到完整公共服務的人口（但他們卻得依城鎮標準繳稅），同時他們隨時面臨「清除低端人口」的威脅，成為進不得、退不得的半流民。加上李克強總理所說的 6 億「每月收入不足 1000 人民幣」的貧民，中國有 9 至 10 億的不穩定人口。至於那些有幸擠入 3 至 4 億「中高端人口」的人，他們心理的恐懼感和不安全感非外人所能想像。

2014 年，曾擔任我公司財務經理的一位中年人，已經就任某國有大企業的副總，擁有大城市三間房產，銀行現金存款 1000 萬人民幣以上，但他卻私下對我說：「范總，我一絲一毫的財務安全感都沒有！」

8 年後的 2022 年，我相信他的財務安全感已經澈底瓦解。中國賴以為生的土地財政已經停擺，已蓋成未售出的庫存房子，即使在過往經濟的好時光下，也需要 13 年才能消化完畢，何況還有政府土地已出脫的在建樓盤，那又再需要另

外 13 年。

中國人口已經在 2021 年進入下跌期，年輕人老早就不想生育，何況上海封樓時，那位年輕夫婦對恐嚇他們的「執法」人員所說的那句話：「謝謝你（不用你提醒我們會罪及三代），我們已經是最後一代了。」

不只土地財政斷鏈後、硬碰硬的切斷地方財政收入的 50% 至 70%，現有的「屋主」（事實上，沒人在中共治下擁有產權，頂多只有 70 年的居住權），因為無收入或降薪而斷供（繳不起貸款）的比例正在高速增加中；淘寶網上的法拍屋已經超過 1000 萬戶，因貸款壓力而跳樓者頻出不窮。

地方政府與地方銀行狼狽為奸，挪用、盜用老百姓存款的案例一個個爆出，並且已經出現在國有四大銀行。過去還只是政府限制人民買賣房子，現在連提自己的存款都開始設限了，更不用說往境外匯款了。

就在 2022 年上半年的六個月時間內，中共的財政已經由「外匯不夠用」，惡化到「連人民幣都不夠用」。財政災難將引發金融災難，金融災難將帶來經濟機器停擺。當財政、金融和經濟這三者形成惡性閉環，中共的集權骨架不解體也難（在我的兩篇文章──〈習近平為何自殘？他沒瘋，中國只是進入「戰時經濟」〉以及〈中國啟動戰時經濟，接下來是行動〉當中，提供了進一步的細節）。

總結來說，2023 年的中共，無論誰上誰下，從國際格局

和國內格局來看，倘若「不作改變」，恐怕只剩下殭屍化生存一途，然後等著「被大幅改變」了。

在 65% 的人口已「城鎮化」下，即使採用計畫經濟的分配，例如糧票和房票來「調控」，已是緣木求魚。

上海封城、封樓下的物資配送經驗，已經證明了「城鎮化」與「計畫經濟」在物資運作上是不可相容的矛盾，兩者頂多容許其中一者的存在。

財政解體後的中共，如果還寄望任何計畫經濟的解方，等於是「化圓成方」（square the circle）。

## ▌小幅改變──虛晃一招，過關再說

先說定義，所謂「小幅改變」指的是：（1）更改「中國共產黨」的名號；（2）黨內領導出台制度，至少學習越南共產黨實施超額選舉，也就是各級領導幹部至少有 2 名候選人，由下級黨員逐級匿名投票產生。

第一項的改名，並非天方夜譚。2012 年，我就在北京的中央黨校，親見黨校舉辦了局級幹部以上的座談會，討論「中國共產黨」是否可以改名為「中國社會黨」或「中國社會民主黨」。會後，爭辯的內容形成了文件在冊。

鄧小平在對台灣統戰時，也曾對國民黨主席蔣經國表示過：「只要統一，國號、國旗、國歌都可以改。」蔣經國當時

以「三不政策」──不談判、不接觸、不妥協──回應。而今早已事過境遷，但是今天中國共產黨改不改變黨名是它自己的事，與台灣無關。

改黨名的困難處在於，「中國共產黨」一詞已經入憲，因此憲法至少也得正名。不過只要還在一黨專政下，憲法本來就是花瓶，改動幾個字那也是順手拈來之事。

超額選舉和匿名制投票，存在具體的執行困難以及風險。一開始，一定是選舉舞弊、賄選買票橫行，愈往下情況愈嚴重。我考察過中國農村的村長選舉（村書記是黨上級指派的，但村長一般是村民投票的），那叫一個亂，有請客送禮的、有暴力威脅的。過程中耗費的金錢，當然是在當選後藉由剝削鄉民取回。但這種亂象是必經的過程。

2012 年，我曾寫過一篇既玩笑也認真的文章，說台灣的選舉文化進步後，那些助選的黑白道不會沒飯吃，可以組成「選舉顧問公司」，前往中國做農村生意。當時中國一個非常普通的農村，競選村長的花費都已在百萬人民幣以上。

40 歲以上的讀者，應該還記得 2012 年至 2014 年間，中國的「鎮長大會」現場，充斥了勞斯萊斯豪車的報導。土豪在有錢的時候，什麼令人掉下巴的事都會發生。同樣的道理告訴我們：銅板是兩面的。在沒錢的時候，什麼令人跌破眼鏡的事也都會發生。風險則是，超額選舉和匿名投票的口子一開，可能就無法收拾。

要知道：共產黨的黨員人數超過 9800 萬，是台灣人口的
4 倍，若是視為一個國家，則其人口數排名世界第十五名，與
越南總人口等量齊觀。我們不用懷疑，裡面奇人異士大有所
在，會弄出什麼亂子、出什麼鬼點子（中國稱為「妖蛾
子」），無人可預料。

## ▍中等改變——沒有回頭路的政治改革

「中等改變」是在小幅改變的基礎上，進一步作改變。
定義如下：

- 中國出現至少一個正式的反對黨，這些反對黨可以是
  出於現有的 8 個花瓶政黨，如「民革」（中國國民黨
  革命委員會，由建國前的中國國民黨改名而來），也
  可以是今天「中共」內的不同派系分裂而來，或是完
  全新成立的政黨。
- 循序漸進實施真正的一人一票普選。例如鎮級單位以
  下先實施，然後再進入市、省、特區及中央。
- 軍隊國家化。
- 領導層任期制。
- 取消武警，公安回歸地方；精簡合併各路情治機構，
  納入司法檢調體系。

- 明確人民私產物權法、隱私法。
- 以上規範入憲。

　　在「中等改變」的情況下，今天中共政體的大部分框架可以修正留用，例如人民代表大會（人大）和政治協商會議（政協）只需將其功能實質化；國務院變成實質的行政機構；人大變成實質的立法機構；司法院變成獨立機構，形成權力制衡機制的雛型。

　　一位北京的法學家曾對我說：「修什麼憲法，直接把1946 年中華民國那套憲法拿來用就可以了（指 1948 年，加入「動員戡亂時期臨時條款」之前的那一套）。」

　　當然，即使只是「中等改變」，也等於要了今天中共的命。一開始，估計最大的得利方依然還是今天的中共，但隨著時間一久，競爭會逐步展開；若干年之後，「一黨專政」就會消弭於無形。

　　從常理推斷，今天的中共集權統治階層，無論個人形象上有多開明，都會抵死反對這條演化路徑。正如當年的鄧小平等元老，嘴巴裡說「改革開放」，實際上還是無願無能進行政體改革，只是賴皮的說「留待下一代的智慧解決」。好了，現在已經是下兩代了，問題愈來愈大，倒是「改革開放」肥了下一代。

　　稍作提醒，本書並不是一本「勸世書」，甚至不是一本

「警世書」，而是一本在設想中共集權財政解體後的「狀況分析報告」。

中共財政解體後，中共這個幫派式政權，要選擇不作改變、小幅改變還是中等改變，坦白說，那是它自家的事，但當那天到來時，中共若不至少小幅改變，恐怕就要一步到位進入大幅改變階段，而大幅改變的結果，就由不得中共自己決定了。反過來說，若主動啟動「中等改變」的腳步，相信國際上會鼓掌歡迎。

## ▌ 大幅改變——由不得中共決定方向的天翻地覆

以上的「小幅改變」及「中等改變」，都還只是「政體」的層次。「大幅改變」，就得到「國體」的層次了。到了國體層次，演化的動力就不來自中共自身了，而會來自本書所敘述的各種「牆內」及「牆外」動力變因的交織，以及下文會談到的「大動力脈絡」。

如同氣象學，成百上千種因素的交雜，究竟最終形成四級颱風？還是七級颶風？亦或五級龍捲風？只有到「圖窮匕首見」的最後一刻，人們才能判定。

不論從人性、政治學和歷史經驗來看，若要中共主動作「大幅改變」，應該是緣木求魚。因此，這裡完全沒有期待或呼籲中共當局的意思，也沒有警告他們的意思。中共統治

機器的財政解體後，中共會在什麼時候「被大幅改變」，沒人知道，就像沒人知道股市何時會崩盤一樣。

　　人生在世面對變局，結論都是自己達到的，決定都是自己做的。只有一件事是我當下就可以肯定的：在中共集權體制的財政解體之後，若中共（無論誰在當政）選擇「不作改變」，千百種的內因、外因就會在某個時機匯合，驅動出一種失控式的「大幅改變」，為未來 100 年的歷史學者提供極為豐富的研究題材。

　　提出此點的唯一用意是，希望大局中的「利害相關方」（stakeholders）──尤其是其中弱勢方，能夠提前繫好心理、物理的安全帶，減少過程中的連帶傷害，這也是我將個人網站命名為「前哨預策」的本意。

　　我先約略勾勒出「大幅改變」的邊際線，超過這邊際範圍的，就是類似預言小說的範圍了，不在本書的範圍內。

　　當然，預言小說也並不一定是「謠言小說」。1949 年，英國作家喬治‧歐威爾（George Orwell）所預想的《1984》（*Nineteen Eighty-Four*），在成書 70 年後，世態早已讓他當年的想像變成了「落後」。這有點像毛澤東所說「人民的眼睛是雪亮的」，1990 年代的中國人民就喊出一個道理：「謠言往往是遙遙領先的預言」。這民間智慧，後來被證明為真的比例，不下於七、八成。

## █ 全光譜的 10 種大幅改變

目前為止，各方人士觸及國體大幅改變的類型，大約包括以下：

- 地理的「中國」分裂為 7 塊（日本學者及李登輝）、27 塊（1920 年的毛澤東）、無以預測的多塊論（諸多東西學者參照歷史上諸如戰國、五代十國等史實而得）、諸夏獨立成為國際法理承認的共和國群體（劉仲敬）……分裂多塊論的資料太多，煩請各位自行上網檢索。
- 鬆散的合縱連橫混局，例如「聯省自治」和「XX 區自保」，這是在設想一種「一夕回到大清國解體前」的境況。
- 出現「漢莎同盟」（Hanse）現象（12 至 15 世紀，出現於今日德國北部，後擴及今日北歐，南至倫敦），以經濟區、城市共同利益體為主體的商業政治生態圈。
- 邁向類新加坡式的「開明專制」，強於法治但弱於民主、自由。實質上，仍然由一黨說了算，給國家幾十年的時間過渡。這想定下，可重拾香港在「國安法」前的治理經驗，將 2020 年前的「香港行政特區」模式逐步推向全國，猶如當年將「深圳經濟特區」推向全

國的路線。

- 經過混亂後，邁向「聯邦體制」（federation），有人提美國式聯邦制，也有人說美國制不合適，德國式比較合適。

- 在出現數個獨立國體之後，形成「邦聯體制」（confederation），類似今日歐盟的雛型，或阿聯酋（阿拉伯酋長邦聯）。

- 蘇聯解體模式。出現數個獨立國體之後，獨立國家之間通過協議成為「獨聯體」，埋下日後互相侵略或再度翻來覆去的種子。

- 出現數個獨立國體之後，形成僅具形式意義的「共同富裕國協」（Common Wealth），類似大英帝國在二戰後，被迫放棄各殖民地所形成的大英國協，包含澳洲、紐西蘭和新加坡等。

以下則是除了上述想定，我於 2009 年至 2011 年間所感知到的兩種另類狀況：

- 四合院模式。就像北京的傳統雜居四合院，每家人各居一端，各自獨立、各有出入通道，然中間有一大塊各家都無可避免的共用空間（在這個隱喻中的共用空間是虛擬空間，由文字、語言、習俗所組成），各家

心情好時可以相聚，心情不好時關起門戶各行其是，要罵對方時打開窗子就可大吼大罵，然後關起窗子過日子。

- 紅色網格模式。實質上，由大約 500 個權貴家族及集團形成的統治網，由於數量夠多，這些權貴家族之間會出現自然的制衡力量，致使統治情況不至於太惡劣，也形成一種具有系統演化力道的生態圈。這視角值得注意，因為在一場失控的「被大幅改變」局面中，已然成形的權貴家族或集團，無論是紅二、三代，軍二、三代，企二、三代，還是無血緣關係的勢力集團，都不會缺席，國際間也不會允許他們缺席，因為他們各有實質的地盤，即使是破碎的權力，也能多少保障各國已經在那片土地上的利益。

以上陳述了 10 種「大幅改變」的樣貌（當然這 10 種樣貌之間也有重疊交雜之處），也聲明了對這 10 種樣貌的探討不會受限於任何成見或框架。所有人的想像力於此時都應該放開，問一問自己：一旦中共的集權骨架解體，在當今依然是「主權體系」當道的世界，國際間希望看到一個怎樣的中國？

甚至，國際希望看到「一個」還是「數個」中國？在各自的國家利益下，美國希望看到什麼？歐盟的期待？日本的

期望？當前中共的朋友們，例如朝鮮、巴基斯坦和伊朗的希望？生存及利益掛帥的沙烏地阿拉伯和以色列如何？中南半島國家？印度？什麼樣的未來中國，最符合台灣的主體性利益？疆、藏人怎麼看？這些都是無法迴避的務實問題。

此外，我們也得問：後中共的北京人該往哪裡去，可往哪裡去？河南人要怎麼辦？長三角、珠三角區域的人，一旦沒有了「中共」這個座標，會如何定位自己？

這些當前的「中華人民共和國」公民、「中國人」想都不太敢想的問題，當圖窮匕首見的時刻到來，才來想是不是太遲了？還居住在當今中華人民共和國的人，當然對「大幅改變」最有發言權，那是你的生活，你是住民，就該自決。

在這裡，我只有一句話奉勸：即使你認為共產黨專政對中國最好，你也應該用選票把它選出來。你不可以選父母，但你可選執政黨和政府。但若你今天穿衣服還是聽父母的，那就當我沒說上面那句話。

這不是一句人話，我自己做不到的事，不會要求別人做到。個人澈底覺悟是發生在大約 40 歲，那是我在北京經營公司最困難的時期。某天，一個強烈的想法在腦海浮現：如果我今天出門上街被狗咬了一口，那一定是我的錯，不是狗的錯。街上那麼多人，牠為什麼只咬我？我為什麼會被牠咬到？牠只是隻狗，而我是個人，人不發揮作為人的自省、不對自己負責，還算個人嗎？

　　對中國員工，我的態度一貫如此。每個員工我都親自面試，前後大約 2000 人，大多是專科、大學剛畢業的新鮮人。無論是誰，我都會跟對方說：「今天之前，你走在街上不認識我，我也不認識你，在一起工作是緣分。你只要肯上進，公司內擋在你前面的石頭，我負責移開，5 年內保證你得到的，勝過去哈佛讀一個 MBA。但請你不要抱怨你活在一個不合理的社會，若要抱怨，我可以幫你一起抱怨，從父母、共產黨、社會，一直到孔子。」

　　中國若面臨大幅改變重組，我對中國人的態度，亦如以上兩個故事。

　　全球有 5000 至 6000 萬「海外中國人」或「非中國華人」（我稱為「方塊字使用者」或「方塊字圈」），絕大多數在國際法主權概念下已經是他國公民，但 70 餘年來一直是中共的統戰對象，對「後中共的中國」之方向，有影響力嗎？有進取心嗎？

　　中共在改革開放後，第一批放出的留學生始於 1979 年，也是我在新加坡生活 5 年並回到台灣讀完大學之後，赴美留學的年分。因此，我與中國海外留學生的接觸極早。

　　第一次接觸到「不出生在台灣的中國青年」是在赴美的聯合航空班機上。我身著當年一般台灣青年穿的襯衫，他身著文革時的標準毛裝。互望幾分鐘之後，我去坐到他身邊空位。他羞怯的用手捏了捏我的襯衫，問了一個我這輩子也忘

不掉的問題：「你們那邊，都穿這個嗎？」

　　下機之後，我知道他英語不行，便陪著他應付入境應答及過海關。海關從他隨身包包中搜出了一個拳頭人小、烏漆墨黑的東西，問他是什麼？我翻譯，他回答：「上飛機前，娘給的『饃饃』。」我實在不知如何翻譯，但我知道海關為什麼問。於是直接回答海關：「這東西是素的，沒有肉。」海關一揮手就放行。

　　後來，他要去德州，而我要去紐約，分手時他那陽光燦爛的一笑，令我至今好奇：他最終變成了美國公民？還是民運分子？還是在有所成就後參加了「千人計畫」？就像那位曾經來台灣大學演講，後來在舊金山被跳樓的「類張首晟」[6]？

　　說這個故事，無非是想鋪陳「海外中國人」或「海外華人」腦中，對「後中共中國」的各種構想或幻想的背景。

　　從 1979 年至 1985 年，由於哥倫比亞大學及其所在的紐約市，乃中國留學生及來訪黨政高層匯集之處，因此我對文革後世代對中共政體的愛恨情仇，都曾一一親見親聞，甚至可說無所遺漏。這裡面包含了於 1960 年代末期，從美國「回到祖國參加文革」後、僥倖生存返回美國的台灣早期留學

---

6 著名美籍華裔物理學家、史丹佛大學教授、中共「千人計畫」學者。2018 年 11 月，其所創立的風險投資公司曾受到美國政府指控幫助中國獲得美國的尖端技術和相關知識產權。於 2018 年 12 月 1 日「意外」墜樓離世。

生，例如陳若曦那一代人。

對於「後中共的中國」之「大幅改變」這個話題，多數人腦中存在一塊天花板，不然就是存在一塊地板。

「天花板」指的是，雖然許多人敢於想像一個分裂成幾塊的中國，但是都不敢或不願想像一個「西方列強＋日本」實質介入「後中共秩序」規畫的場景。這對許多「中國人認同」之士，哪怕是致力於反共、滅共者，潛意識、感情上都是痛苦的禁區。但作為客觀的探討者，這種可能性是不能排除的，哪怕前提是戰爭發生之後。

所謂「地板」指的是，許多人知道中共政權的可怕，也已天生反共。但是，他們是以看戲、看電影的心情來看待「後中共的中國」這件事。其典型的反應模式是：「中共解體關我什麼事？後中共的中國長什麼樣關我什麼事？只要共產黨不見就可以了。」

這條心理地板線畫出的下限是：中共解體或消失之後的事，是中國人的事，不是我的事；我不是中華人民共和國公民，也不是中國人，頂多只是「華人」。屬於這個人群的，例如新加坡的華人、一些由中國移民到全球各國的新移民，以及超過一半以上甚至更高比例的台灣新世代。

當然，台灣新老世代中有不少連「華人」身分都想擺脫的人，只願意稱自己為台灣人，這是必須予以理解及尊重的。因為，新加坡也有不少持同樣態度的人，他們也說普通

話，但是只願被稱新加坡人。我 14 歲時從台灣搬到新加坡生活，上的是「華僑中學」，開學第一周就被同學打了，因為我稱他們為「華僑」，打完後同學說：「我們是新加坡人，不是你們華僑！」

# 第 7 章

# 中國重組的 9 大動力脈絡

在前面章節，已經約略介紹了中國「牆內」各區塊，以及人為產生的行政區之特色，但是歷史告訴我們，大動力往往是跨地區的，尤其是跨人為行政區的。

我們也談了「牆外」的變數。由於「中國」面積之龐大，以及它通過「美國秩序」與世界各國經濟幾乎已到了骨肉相連的地步，一旦人們目前心目中的「中國」發生重組時，地球上許多國家、人士都屬於利害相關者。他們的想法和動作，都會對未來的「中國」產生不同程度的影響力。

以下就幾條超乎區域甚至超乎國家的大動力脈絡進行分析，探討其將可能對「後中共的中國」造成怎樣的衝擊。

## 從「等雨線」看中國的重組

中國由西南至東北有一條 400 至 500 毫米雨量的「等雨線」，西邊乾旱，適合畜牧、遊牧；東邊溼潤，適合農耕。經過氣候學家的研究，近代歷史學家黃仁宇先生特別提出這條線對中國歷史的大影響。

歷史上各朝代，凡是實施「編戶齊民」統治技巧較為成功的地區，都是等雨線以東的地區。編戶齊民下的農耕人民由於靠天吃飯，因此「農民性格」定格，也就是行為上偏向「順天由人」的順民。當然，等雨線以東的地區，還得細分為沿海帶及內陸帶，以下會介紹。

　　歷朝歷代，是「東邊富、西邊貧」。這與人種比較無關，和經濟條件比較有關，與生活型態更加有關。經濟上，農耕型態本來就有利於積攢，氣候順暢時，多產的物資可以留存，西邊民族限於水草不足，物資消費型態就像今天的 80 後世代，偏向「月光族」──有肉當大啖、有酒當盡歡。

　　中共改革開放以來，依賴台灣的輕工業既有成就，在等雨線以東地區放鬆馬韁，形成了巨大的勞動力密集產業，啟動時期有賴東部順民的順天由人個性，形成聚落後，也吸引了大量等雨線以西的居民向東移動，不只傳統中原、西北人士，連新疆維吾爾族都有大量年輕勞動力進駐如廣東、深圳等區域的順民工廠內。

　　對「後中共的中國」來說，等雨線的意義已經大大不如過往舊朝，因為期間已經有數以億計的人口遷移，在民族個性以及生活型態交錯影響下，如果中共集權解體後出現「數個」中國，等雨線的要素只會剩下參考意義。

　　舉兩個現實例子：例如，海南島幾十年來，已經群聚了大量來自東北的退休族，以東北民風之悍，早已沖淡了海南島原有的民風之愨，這從「海航集團」只用了 20 年就搜刮積累了數兆人民幣資產、引起 2020 年至 2021 年間的政治劇鬥、人頭落地的事實可看出。

　　再說深圳，這個僅花 20 年就由破落漁村搖身一變成世界級的生產／出口基地，人口 90% 以上來自外地，雖無統計，

但相信來自等雨線以西的人不會低於一半，因為他們的求生意志強。

　　深圳，可以說是一個「工業時代的梁山泊」，各方好漢群聚，利字當頭，背靠歷來富庶大區廣東，前有英國風的香港指引，若說「深圳人」對一個「後中共的中國」沒有自己的想法和合縱連橫的思路，是不現實的。

　　對「後中共的中國」而言，這條等雨線的政治意義恐怕將反映在糧食的產量及分配上。近 3 年來，全球疫情打斷的供應鏈，疊加上俄烏戰爭製造出的全球糧食產量縮減、油價高漲下的肥料供應短缺，將在全球不同地區引發 5 年至 10 年的糧荒。

　　中國等雨線以南乃主糧重鎮，自足率較高，在全球糧荒壓力下，當中共財政解體後，等雨線以西出現飢餓人口的可能性將比以東要高得多。

## ▌從「秦嶺、淮河南北線」看中國的重組

　　等雨線為東西向，而南北向的氣候分水嶺是陝西省境內的秦嶺向東到河南省境內的淮河，此條線北有黃河、南有長江。雖不能絕對的說南澇北旱，但大致是如此。

　　南北線以北有北京，以南有南京。近代國民政府據守南京，而宋代被金人擊敗後，在今之河南商丘即位、杭州建

都，史稱南宋，這都不是意外。若非蒙古人將統治版圖擴及南方的經驗，後來的東北滿族大清國也不至於騰出手來，將版圖擴及疆藏。

毛澤東、蔣介石發跡於南北線以南，若非二戰時期國共兩黨的共同老大哥蘇聯勢力直達北京，想來毛、蔣二氏單憑其出生見識，各自的野心也不至於跨過秦嶺淮河線。明代末年的張獻忠是北方人，定都接近等雨線的成都，清末的洪秀全是南方人，定都南京，這些也都是有氣候背景的。

歷史上，北方或西北民族，帝國擴張多為東西向，道理就是草原易於奔馳，就地取材，走到哪就吃哪。草原帝國很少軍力南移超過這條南北線，因為崇山峻嶺，行軍不易，一般頂多打到黃河一帶，其他地區就借用儒家傳統的地方鄉紳、編戶齊民現成制度統治。蒙古人算是個異數，不得不佩服他們，竟然可以在熟悉南方後，大軍直接跨海取日本。我不夠了解蒙古文化，不知數世紀前的記憶是否今天還在文化基因內，如果基因猶在，那麼對一個「後中共的中國」，他們肯定有自己的看法。

在上節中，「等雨線」所描述的糧食供給問題，在「後中共的中國」議題上，同樣適用於本節。在全球糧荒壓力下，當中共財政解體後，「南北線」以北出現飢餓人口的可能性將比以南要高得多。這樣所帶來的南北利益不一致，永遠是零和博弈（zero-sum game）的主軸之一。

# ▌從「水系」看中國的重組

　　談到水系，直接想到的當然就是黃河和長江。黃河源頭在青海巴顏克拉山，雖然不在行政上的西藏地區，但是不要忘記一件事，對於藏族來講，青藏是不分的，居住在行政區域上的青海省內的藏人，人數不會比西藏少。西藏獨立運動者向來的訴求都是青藏不可分割，因為那是民族文化的訴求。

　　長江的源頭也在青海省藏族自治區的玉樹境內。「青藏高原」這四個字，裡面蘊含的水系意義太大、太大了。

　　中國有句俗話：「黃河治理，各管一段。」這是譏諷朝廷或中央治水失能之語，收稅賦時就講統一，負責任時就無能統一了。河流的關卡在上游，試想若西藏獨立了，黃河及長江就等於人的喉頭被他國掐住。

　　嘿，各位看官，還不僅僅如此，瀾滄江的源頭也在玉樹藏族自治區內，雅魯藏布江的源頭也在西藏高原上。瀾滄江的下游是東南半島諸國的命脈湄公河，雅魯藏布江的下游則是印度的命脈恆河。

　　國際戰略學界早有定論，未來 10 年至 20 年地球上的競爭中，水資源競爭的急迫程度遠遠大於石油、電力和糧食。水不夠，後三者都不用談。

　　水政治，在 2025 年至 2045 年間的力道，將遠大於已經形成國際公約雛形的碳政治。地球上對於跨國境水資源的問

題處理，最成熟的就是歐盟。試想，一條流經多國的多瑙河，
竟然能各國相安無事，其中有太多值得他國學習的地方。歐
盟的跨國高速公路、跨國鐵路系統、跨國能源分享機制，都
是每個關心「後中共的中國」議題的人士，必須了解、思考
的領域。

## ▌從「行政管轄線」看中國的重組

這一部分，本書之前已經有比較詳細的觸及。行政管轄
線，有歷史因素和地理因素，更大的是統治者需要這因素。
若此套線與民族線、文化認同線、宗教線和經濟線的落差愈
大，政治就愈不穩定。這道理，從中東地區、巴爾幹地區來
看，會比看「中國」更清楚。

總之一句話：一個「後中共的中國」固然擺脫不了行政
管轄線的牽絆，但是非行政管轄線的其他線的動力，長久看
來，不會小於行政線的路徑依賴。

## ▌從「國際秩序線」看中國的重組

若無太大的意外，「國際秩序線」短期內應該是所有分
際線中「力道」最大的。當然我知道，多數人會把這條線簡
化為「美國秩序」及「非美國秩序」的對立。但是，往深處

裡看，就知道沒有這麼簡單。

　　所謂的「美國秩序」，含義太複雜、視角太多端，有金融的、有貨幣的、有會計準則的、有軍事的、有政治制度的、有經濟行為規範的、有處世價值的。我過去寫過幾十篇專文，無法一一詳述，或許日後再集結成書。

　　去繁就簡，「國際秩序線」這個概念，可以用一個問題總結：地球上占較強勢力的那一圈國家，希望看到一個什麼樣的「後中共的中國」？

　　對於這問題，我相信 10 個讀者有 11 種看法，前面說過，我都予以尊重。因為人生在世，結論都是自己下的，決定都是自己做的，願賭服輸就好。討論事情時，最怕的就是賭後不服輸的嘰嘰咋咋辯論。

　　從上述對「務實」二字所下的定義來看，我可以直白的把自己的判斷綜述如下，這綜述是基於部分已經發生的事實、我對已發生事件的解讀，以及我對未來的嗅覺：

- 當前還在基本遵循「美國秩序」的國家，在自身國家利益與「中華人民共和國」的交織程度，可粗分為兩類：一類希望看到一個「後中共但依然行政統一的中國」；另一類雖然不強求，但會希望看到「後中共的中國」出現數個可以直接打交道的國家或政體。
- 當前對抗「美國秩序」的國家，例如俄國、朝鮮、伊

朗和委內瑞拉等，雖然現在與「中華人民共和國」交好，但底層原因和表面姿態卻存在極大落差，甚至有時是南轅北轍。

- 當表面姿態的支撐原因（如金錢有關的）一旦不存在，底層的原因（如地緣性的、內部民族人口結構的）就會冒出來成為主導力量。到時可稱為「翻牌時刻」：一翻兩瞪眼。閱讀本書的各位可以就自己的體會，來揣摩到時翻牌的結果，並做出預先的對策。至少，我認為身處各國的「華裔」或「華人」愈早開始思考這個「不方便」的問題愈好。因為你的看法和對策極可能福及三代，或禍及三代。

- 至於國際上，尚有一批擺明就是為了「眼前利益」，而不能停止和中共打交道的國家，例如沙烏地阿拉伯、以色列、一些「一帶一路」上尚有大量爛尾工程的國家等。在過去，還有一些歐洲國家也是如此，但是在中共近幾年的倒行逆施，加上俄烏戰爭之後，這些歐洲國家已經明確自己的「美國秩序」身分。這批國家，當「後中共的中國」大勢出現時，應當會先做觀風者，然後再做牆頭草，哪種「後中共的中國」態勢對自己國家有利，就倒向哪邊。

## ▍從「華爾街線」看中國的重組

　　這裡的「華爾街」，只是個代表性隱喻，指的是支撐整個「資本主義體系」的建制力量，有人稱之為「沼澤地」（swamp）（所謂「深層政府」〔deep State〕則是指，沼澤地在「各國」政府內培養的勢力），有人稱之為「全球精英主義」，最近的稱謂則是「達沃斯論壇派」（Davos）。有關這股「既無形又有形」的力量，網路上面介紹很多，就不細數了。至於種種歷史陰謀、陽謀論，我也知之甚詳，但不在本書的探討範疇內，否則無邊無際，思維就會跳到非洲去了。

　　對於此力量，無論從哪種論述的視角，都離不開一個主軸，那就是：金融。由於金融的流通載體是貨幣（currency），因此用貨幣的邏輯來理解這股力量，也可以。至於這貨幣是實體的紙幣，還是電腦內的數位（字）形式，還是新技術平台上的虛擬單位如「比特幣」，對金融界茲事體大，但是對「後中共的中國」這個討論範疇並無多大差別。

　　簡單講，如果「後中共的中國」是一個閉關鎖國、脫離任何國際經貿軌道的國度（有如美國開放美國秩序給中共之前的中國），則華爾街對這個「中國」是毫無興趣的，因為那樣的中國與世界上的任何貨幣秩序或邏輯都無關。

　　但如果「後中共的中國」，無論是單體還是多體，只要還和世界其他部分保持了相當的經貿關係，那麼那個「中

國」就與華爾街的利益息息相關。

　　事實上，鄧小平之後的中華人民共和國在華爾街眼中，就是這樣一種存在。今天與習近平路線相鬥爭的中共內部派別，在這層意義上就是華爾街的朋友。

　　華爾街會用金融或貨幣邏輯，來影響「後中共的中國」型態。若說華爾街的利益將決定「後中共的中國」型態，很多人聽了會不高興，甚至憤怒，但是我們不要忘記：廣義的「華爾街」是跨國的，即使在二戰間，美國和德國生死交戰的時後，華爾街還是在金融貨幣邏輯下與納粹交往，戰後美國援助歐洲的「馬歇爾計畫」、扶植蘇聯的鉅額金援，以及改造日本的資金注入等，並不是單純的「政府行為」，若背後沒有華爾街的默認或主動支持，是不可能發生的。

　　同樣的，現今中共集權財務面臨解體的時候，華爾街的集體認知和傾向，是會起到決定性作用的。

　　二戰後，美國有三個總統敢於直接挑戰華爾街的價值觀和世界觀，一個叫做艾森豪（Dwight Eisenhower），一個叫做甘迺迪（John Kennedy），最近的一位叫做川普（Donald Trump）。

　　這裡必須指出一點：一個人有錢沒錢，和他是否對華爾街買單沒有必然的關係。甘迺迪家族極其有錢，川普也不是個窮人，而是一般人眼中的「巨富」（其實他差的遠了），但他們都站出來和「華爾街」對幹。艾森豪總統非富人，但

他親歷整個二戰過程，懂得世事，因此才會以美國的「軍工複合體」（Military-Industrial Complex）為主要對象，其實（他本人未必懂）他的真正對象是「華爾街」。

金融、貨幣的威力是個系統工程，而川普總統是地產商出身，他的經濟價值觀是非系統性的「地產觀」，也就是「一個項目一個項目的做」，這種項目型世界觀當然就是華爾街系統型世界觀的天敵。

「有錢與否」不但不是「華爾街派」的標準，「是否為全球主義派」也不盡然是。例如，比爾蓋茲很明顯在價值上傾向華爾街派，被常人歸為「全球主義派」，但是，外號「火星人」的伊隆・馬斯克（Elon Musk），其電動車夢想顯然需要最精細的「全球數據」，然而他的行為傾向卻是明顯瞧不起華爾街派的。

思想稍微跳躍一下。對於「後中共的中國」，將來究竟是「華爾街派」的影響力大，還是火星人伊隆・馬斯克的影響力大，尚屬未定之天（抱歉，寫得走神了，自己跳出定義框架了）。

## ▋從「人民江山觀」看中國的重組

經常有人問：「後中共的中國，會出現民主化嗎？」大哉問！我想不管是哪一本書，恐怕都無法肯定回答。此處，

我只說一件我百分之百確定的事：中國漢人（那些承認自己是中國人的漢人）當中，如果沒有至少 20% 的人去除了腦袋中的「江山觀」，中國將難以發展出真正的人民作主。道理如下。

在漢文化下，有一種根深蒂固的觀念：江山是誰打下來的，誰就有最終的支配權。這種「江山觀」其實就是一種原始的動物性地盤觀，獅子、老虎和猴子身上都有，只是由於生態位和覓食範圍的不同，獅群、虎群的地盤感較大，至少在 200 平方公里；而猴群的地盤感較小，1 平方公里可能就足夠了。

人類號稱萬物之靈，但花了幾萬年也沒脫離這種原始的地盤感。資源不足或天災人禍時，為了生存而爭地盤，那算是無奈，然而在衣食足而應該知廉恥的環境中，人若還順著江山觀行事，就不能不說是一種次文明的狀態了。

漢文化圈，或更準確的定義 —— 主要依賴「方塊字」（漢字）傳承文化的社會，目前就都還處於這樣一種次文明狀態。各種歷史典籍、文學藝術、民俗戲曲、日常生活邏輯中，江山觀無處不在。掌權者如此表現，人民也多默認。

今日抱持江山觀最強烈者，莫過於中國。共產黨認為打下江山後，他們及後代就想當然的具有最終支配權。所謂「紅二代」這個概念，說穿了就是江山觀下的概念。模仿現代文明下的「國家」和「政府」，都只是披在江山觀內褲上的外

衣罷了。有人批評中國還處在「人治」階段，其實是抬舉它
了；實情是中國還處在「江山觀治」階段，若真能落實「合
情合理的人治」，中國人就該歡慶文明進步了。

　　只要一個地方的住民腦中充斥著「江山觀」，就配不上
「國家主權」這個稱謂，只能說有政權。現代的「國家」和
「政府」概念，和「江山觀」概念是不相兼容的。

　　方塊字（漢字）文化圈內的真正政治競爭，其實是一場
看哪方的江山觀脫離得比較澈底的競爭。最終得天下人心
的，必是那一方。

　　本書所列舉的各種「分合線」，若說中國人的思維方式
對其有影響的話，去除「江山觀」恐怕就是其中最重要的了。

## ▍從「制度線」看中國的重組

　　我認為以「意識形態」，如道德和宗教來看中國重組的
人屬於極少數。即使在當下中共還沒解體、但跡象已現時，
很多人滿口意識形態的立場和論證，不論是親共還是反共，
但都屬於茶壺裡的風波，雖然必要且必然，但終究不會是掀
掉茶壺蓋子的力量。

　　然而，以「制度」（或政體體制）來看中國重組的人，
卻是具有實實在在的分量。制度的本質，就是某種已經形成
社會契約的共識，以先進的「法治」（rule of law）或者落後

的「法制」（rule by law），切實保障社會契約及執行規範。

制度底下是一種生活方式。在成熟的制度下，生活方式是可以跨種族、跨文化、跨宗教的。地球上仍只有少數國家可以達到這種成熟度，但這是大部分人所追求的，至少是可容忍的。

排他性的制度也存在，事實上多數制度中還存有排他性的族群。這也沒關係，不要鬧到制度解體就可以。就如交通制度，哪有不死人的，多少的程度而已。這就是一種務實的態度。

「後中共的中國」會以相對有序的路徑展開，還是以失序的境況發散，目前沒有人知道，但是問題的提出要愈早愈好，這就是撰寫本書的用意。

牆內的赤紅讀者，或牆外的粉紅讀者，即使被本書冒犯，也請給自己的心理留一點餘地，因為「謠言往往是遙遙領先的預言」。

## ▋ 從「美國秩序」看中國的重組

考慮再三，還是覺得必須把「全球美國秩序」的利益觀點單獨拿出來論述，雖然前面已經提及若干，但是還需畫龍點睛一下。

上述的廣義華爾街派，其利益與美國的國家利益並不完

全一致，這就是 1648 年歐洲「西發利亞會議」所發端的「主權體系」濫觴之後遺症。國家主權化了，但是古老的帝國雄心以金融跨主權的型態保留了下來。美國屬歐系傳統，雖然獨立了 200 多年，但是一向和金融跨國全球派骨肉相連，然其自身的獨立意識愈來愈強，這也是 2020 年共和黨和民主黨之鬥造成憲法危機的底層原因（但是，我們不能簡單的把兩黨等同於某主義，美國的成熟民主體系是包容漸進演化的）。

　　從美國這個主權國家的利益而言，邏輯其實非常簡單，最到位的命題如下——美國的所有對外政策，無論是軍事的還是非軍事的，就只有一個目標：不允許地球上出現一股足以挑戰美國秩序的力量，不管這力量來自國家、貨幣，還是恐怖組織。這是霸道，也不是霸道。說霸道，是因為它堅持美國主導的秩序；說不霸道，是因為美國文化的根基是文化、宗教、思想包容的。若非如此，諸如墮胎權、性別權、擁槍權也不會在美國鬧得兇。

　　中共由於自己的作為，已經被美國兩黨和多數民眾認定為當今世界挑戰美國秩序最著力的一方，因此必須予以「去勢」。

　　然而美國能夠主導世界至今，「務實」也在它的 DNA 之內。考慮到中國經濟的規模，以及對世界經濟的衝擊力道，美國逐步發展出了「中共不等於中國」，川普總統在任時的策略基調是「弱共保美」，而拜登總統至本書截稿前還是採

▶▶▶ 圖四：中國重組的 9 大動力脈絡

取「去習保共」的路線。

　　美國對中共「去勢」這個方針，無論中共是「不作改變」「小幅改變」「中等改變」或「被大幅改變」，都是不會變的。而我相當確信，中南海的習近平和眾多如今反習的元老們也都明白這點，他們會根據形勢演變來做出對自己和家族最有利的決定。

　　以習近平的見識、智商、意氣的紀錄來看，只要他掌權，就一定會對美國奉陪到底，只是方式和時機問題。對外動武，時時刻刻在他的盤算日程表上。這點若台灣人還沒看清，只能說是自作孽。

　　一些地理距離中國較遠的西方國家，例如澳洲和歐盟的前領導人，近日不斷發出「美國和中共對衝會帶來毀滅性災難」的聲明，顯示了這種迎面直撞的可能性並非不存在。

　　在中共集權統治的財政骨架尚未完全解體之前，台灣的最佳策略可以用「十二字訣」表述：（對美）不掉隊，（對共）不插隊，（對內）除肉桶，（對民）固社區。

第 **8** 章

台灣的 「預策」

　　一個「後中共的中國」長什麼樣？地球上沒有比台灣更是「利害相關者」的了。

　　我清楚知道，當中華人民共和國下的赤紅者還有其境外的粉紅者（包括其布置在台灣的在地協力者）讀到上面一句話，腦袋第一個反應就是：省省吧，在「後中共」之前，台灣還在不在都難說，就在討論「後中共的中國」呢！

　　這裡要鄭重的糾正赤紅和粉紅的糊塗腦子：作為一個地理名詞，「台灣」會永遠存在，而且就在「地理中國」的隔壁；作為一個政治名詞，「台灣」已經達到的政治境界，雖然還有大可精進之處，但未來數百年都會是一種使得當前中共體制羞慚的存在。

　　台灣已經達到的政治地位，就已經足以令「台灣」這個概念成為「後中共的中國」的一盞燈塔、一個避不開的座標（談到這，忍不住要講一個真實發生過的故事：早年科技還不到之時，某外海軍艦發出訊號說：「前方船隻注意，你正在我艦的航道上，請左轉 15 度，以免發生意外。」得到的回信是：「我無法轉向，請貴艦右轉 15 度，以免貴艦撞沉。」該艦長大怒回曰：「這是 XXX 號軍艦、噸位 YYY，你不左轉必然翻船。」沉默數秒鐘後，對方回應了：「XXX 號軍艦，這是燈塔。」）。

　　在政治意義上，台灣就是這樣一種存在。

　　從「困局下的中共」到「後中共的中國」這一段無人可

預知長短的時段內，有關台灣可以做的務實動作，我已經在先前出版的《2022：台灣最後的機會窗口》和《被迫一戰，台灣準備好了嗎？》這兩本書中談的差不多了，麻煩有興趣的各位自行參考。

接下來，從台灣的國家利益角度上，來看看台灣可以有怎樣的「預策」——超前部署的對策，以應付「後中共的中國」想定下，「不作改變」「小幅改變」「中等改變」和「（被）大幅改變」的種種場景。

或者，各位可以在往下讀之前，先回顧一下我對「不作改變」「小幅改變」「中等改變」和「（被）大幅改變」所下的定義，以及所畫出的討論範疇，這樣可避免許多可能出現的誤解。

不得不說，台灣內部還有很多人，內心深處其實還以為「中共與台灣」是台灣和中共之間就可處理的事，但讀到這裡之後，若還是那樣以為、還不知道台灣只是美共爭霸中，被夾在中間、無可避免的一方，那我也沒辦法了。

正如戰爭，較小的一方必須採取「不對稱戰術」；政治上，較小的一方也必須採取不對稱對策，不見得每次都需直球對決。關鍵之局，曲球更有利。台灣人最關心的國家主權議題，無論「後中共的中國」長什麼樣，甚至在那之前，都可以用得上「不對稱形塑」。

若「後中共的中國」情勢下對岸不作改變，台灣可以怎

麼做？應該怎麼做？

此處，有意的把「可以」和「應該」區隔開來。對命定論和宿命論者來講，世界上只有「應該」（should），而沒有「可以」（could），但對演化思維下的務實者來講，「應該」和「可以」屬於兩個不同層次的操作思維技能。

關於台灣對「財政解體後不作改變的中共」之對策，過去我已陸續寫過多篇文章，摘要如下：

由於中共「孤注一擲」「狗急跳牆」「圍魏救趙」和「攘外安內」的可能性會隨著國內壓力而激增，台灣雖持「十二字訣」：（對美）不掉隊，（對共）不插隊，（對內）除肉桶，（對民）固社區。台灣必須在物理上、心理上都進入備戰狀態，且台灣政府必須出台經濟的「預策」，企業界亦然。

作戰是專業軍事的領域，而我的專業並非在此，不能妄議。但是，備戰及避戰，卻離不開政治、社會的心態，每個拿同一張身分證或護照的台灣人都有責任，因為你就是利害相關人、命運共同體。

## ▌台灣應該做的「政治對策」

中共若不作改變，就意味著台灣於 2022 年所處的國安威脅，無論是軍事上、經濟上，還是社會上，往後幾年只會更

加嚴峻。

無論從哪個角度切入，我認為台灣都必須掌握兩個核心概念：（1）「關鍵少數」，原諒我用大白話來講，就是在區域政局中扮演一個「成事不足、敗事有餘」的博弈角色，以求「攪炒求生」；（2）「天下沒有白吃的午餐」，凡事都有代價，願賭服輸。

作戰方面，在俄烏戰爭爆發之後，國際社會已將台灣海峽視為全球最嚴峻的下一個爆點，因此「美國秩序陣營」的國家，都已經在思索對台海的援助預案。但以台灣自身而言，任何其他外援都只能視為「加分」，因為天助自助者，乃歷史通例。此時，台灣絕不求戰，但也絕不能不備戰。

台灣在政治動作方面，首先應該做的是，務實的找出台灣的真實共識。當中共「不作改變」時，對於台灣處境下的實務，我曾提出一句話總結：反共去統，不反中國平民。

「反共」，台灣其實並沒有反對自由的社會主義，事實上，台灣社會在日常生活型態中，就含有明顯的自由社會主義的痕跡。但是台灣絕不會容忍社會主義精神脫序到共產主義的地步。若然，那種社會主義就是敵人，沒有討論的餘地。台灣海峽彼岸的中國共產黨，就屬於這一類。

今日台灣，不但老一輩了解中共天天掛在嘴邊玩弄的「統一」，只不過是其用來維持政權、控制已經被洗過腦平民的一種虛偽口號，而台灣年輕一輩只會以荒謬視之。「去

統」，表示了一種將「統一」概念澈底由腦中去除的意思，就像「大掃除」一樣，老早就該扔掉的東西就把它扔掉。

「不反中國平民」，指的是對中國平民保持中性的態度。「中共」不等同「中國」，更不用說等同中國人民了。中共是一個具有 9800 萬黨員的巨大政黨，但那只是住在那塊土地上 14 億人當中的 7%，簡單的算數就可以呈現真相。對任何國家來說，如果僅占 7% 的人口可以在政治上完全控制 100% 的人口，唯一的可能就是，實施殘酷暴力或藉由暴力改變人的思想。

中國平民本身就是受害者，其他國家不應該膝跳反射性的把受害者視為天生就是邪惡的。因此，無論在心態上，還是現實地緣政治考慮下，台灣社會都應該把「必反」這詞留給共產黨，而不是受害的平民。

除此之外，要使社會理解「國格比國名重要」。在中共不作改變的時期，有個務實的道理必須說明：人格比人名重要，不知道你同不同意？

以我自己為例，我可以明天就把我的名字改為「范美麗」，但這樣做並不會讓我在他人眼中變得更美麗；或者，我也可改名為「范高大」，但那也不會讓我的身高提升 20 公分。不論我改什麼名字，最本質的還是我的人格，人格不進步，改什麼名字都一樣。為人處事的方式不被別人尊敬，名字再氣派也沒用。名字，不是一個人吃得開或吃不開、走路

是否有風的要素。

　　同樣道理，一個國家的國格，遠遠比國名重要。台灣，糾纏於國名問題太久了，耗費大量的精力在「國名情結」上，以至於無暇追究台灣的國格。

　　讓我們誠實的自問，今天台灣內部大多數的難解問題，從黨爭到政策，是不是都直接、間接的源自這個「國名情結」？爭議不分性質、大小，最終總是會被不分青紅皂白的引導到與「國名情結」相關的情緒中？

　　台灣社會的大部分精力，應該盡快聚焦在「國格」問題上：台灣要成為怎樣的一個國家？台灣要以怎樣的國格立足於世？你我作為公民，怎樣才可形塑國格？沒有共同體意識就沒有國家。

　　當然，「國格」這概念有如「人格」這概念，牽涉到方方面面。在萬象社會中，要樹立一個獨立出眾的人格並不容易；同樣的，在萬花筒般的世界上，要建立一種他人一眼就認出的國格也不容易。尤其以台灣尷尬的國際地位，需要一些腦筋急轉彎。

　　我個人認為：在中共財政解體後還不作改變、勢必帶來「被大幅改變」這個過渡期間，只要能暫時打破「國名情結」，以台灣今日的既有基礎，國名問題遲早會迎刃而解。其中道理，有如佛家所說的「放下屠刀、立地成佛」。

　　把眼光放長來看，台灣其實只有兩個關鍵問題：（1）中

共武力威脅的問題；（2）社會內部的「國名情結」心理問題。前者八成操之在人，後者百分之百操之在己。操之在人的，七分靠打拚、三分靠運氣；操之在己的，若做不到只能算活該。

「國名情結」在台灣如此頑固，根本上是個心理問題：今天生活在台灣的活人，由於舊情綿綿或舊恨綿綿，不願意承認自己屬於一個命運共同體。容我把話說得再狠一點：請注意上面說的是「活人」，而沒說「死人」，因為死人已經死了，不會陷入舊情綿綿或舊恨綿綿，還活著的，才是問題。

繞了一圈，回到重點：一個國家有沒有國格，最最基本的，就是生活在這個國家的人有沒有「命運共同體」的意識。有這個意識，才有國格的基礎；反之，就沒有國家，管它的名字叫什麼。

我們來做個簡單的測試，看看你有沒有命運共同體的意識。請回答三個問題：（1）你願不願意變成中華人民共和國的一部分；（2）你願不願意被共產黨統治；以及（3）你同不同意，以上兩個問題都回答「否」的人，和你同屬一個命運共同體。

期待某個民調機構，用以上三個問題做一次全民調。這民調的結果，才能代表台灣的國格，管它國名叫什麼？

基於以上，讓我們——尤其是年輕一代——一起來重新定義最關乎台灣命運的問題：國格先於國名，還是國名先於

國格？

　　依我個人觀察，很快的，台灣就會面臨這個問題。到時逼你回答的壓力會來自國際，台灣若到時還沒有一個基於命運共同體的回答，恐怕會耽誤了大事。

## █ 台灣應該做的「民防對策」

　　我是抱著無比沉痛的心情寫下本節的。多年來，我嘗試由各種角度點醒台灣社會，有時用分析，有時用比喻來開腦洞，有時用幽默，有時用諷刺，偶爾用斥責。但時勢演變至今，恐怕只有沉痛的手術刀，或許才足以喚醒沉睡的平民和裝睡的菁英。而且，這還只是或許。

　　這樣做的用意，無非希望不同背景和層次的讀者能夠從本身關心的事件中，感知到同一件事：台灣的安全固然可試圖部分靠他國，但台灣的主體性（國格）只能靠自己；自己僥倖輕佻以世外桃源心態麻醉自己、基於舊情綿綿和舊恨綿綿式樣的內鬥，台灣不會產生主體性。

　　主體性缺失的台灣，不管其國號為何，在國際現實政治中，終究只會剩下一個價值：地緣因素下的兵家必爭之地。

　　現在，兵家必爭之地的時刻，已經山雨欲來風滿樓。而沉睡的平民還無知無感，裝睡的菁英以為自己已經做好求全準備。但是，這篇文章的用意並不在於你是「平民」還是「菁

英」，因為這並不重要，關鍵在「睡」這個字，不管你是在沉睡還是裝睡，迅雷來時都是不及掩耳的。

「睡」的涵義，包括以下 7 條（由於每條過去都有大量相關的文章，此處僅作條列，關心的人麻煩請自行回溯了）：

- 所謂「兵家必爭之地」，就是只要是「兵家」就必須置你於控制之下。中共是兵家，美國是兵家，日本也是兵家。至於俄國和歐盟雖然地理上離台灣較遠，但是如果局勢擴散到全球，他們也是兵家。

- 兵家必爭之地的自保，是需要自己人流血的，關於這點，可上網參照我過去寫的兩篇文章：〈一個保證破壞氣氛的問題〉及〈美國何時武力攻台〉。

- 台灣以貿易為生，雖然近 10 年來社會價值快速轉向人文，但是大多數人（尤其「菁英」）腦子裡的第一價值還是「錢」，有錢賺就歡，無錢賺就悲。這由近期美共交惡，整個台灣社會、企業界和政府最常問的問題是「台灣進出口得利還是損利」以及「股市會漲還是會跌」可證。

- 在世界歷史知識極其有限的情況下，台灣一律假設「神山」可以「護國」，這是完全不理解何謂「兵家必爭之地」意思的錯誤邏輯。只要往前回顧 120 年就可知道，歐洲、俄國和日本的種種「經濟神山」不但

不護國，反而是兵家首要之地。二戰時期，台灣是日本的領土，所有台灣島上日軍工業基礎全遭重點轟炸，台北列入原子彈投彈名單，雖然順序是第十四位。

- 偏綠或偏獨人士，以為只要台灣國獨立了，就可從此過太平日子。偏藍或偏統人士，以為只要討好中共，台灣就可維持現狀。還有一部分人，以為只要不得罪中共，台灣就無「兵家」危機，這是對「兵家」概念的無知（請再咀嚼上面第一條）。

- 偏藍偏共人士，暗地希望並鼓吹「中國專制模式」終將擊敗「美國治理模式」，偏綠偏美人士則相反。然而雙邊都「桃花源式」的兩眼一閉，避想必然發生的後果：無論哪種情況，都必定產生大量政治土石流，而首當其衝的就是台灣。政、商、媒、學各界，無人敢談、願談「土石流備災、防災和救災」的 A 計畫、B 計畫……

- 2018 年，我寫下「5 個算總帳的日子即將到來」，並提出「不掉隊、不插隊、除肉桶、固社區」作為應對方針。其中，「不掉隊、不插隊」政府做到了，但「除肉桶」乏善可陳，甚至出現倒退。

以上幾刀，相信很痛，你可同意，也可不同意，就當鬧鐘吧！鬧醒了，若還有睡意，也可決定繼續睡……

　　當下，關鍵在「固社區」——儘速加強民間社區的自保意識及能力。我很清楚國防部已在默默的後備動員，也在進行與美國民兵組織的合作，但恐怕那是不夠的。我認為保台止戰之道，可以遵循以下指南：

## 1. 全民國防教育——最有效的止戰方法

　　歷史上，台灣就是兵家必爭之地，這是地緣、海緣決定的，不是台灣人所能選擇的。

　　既然不能選擇，就只有承擔起來。承擔，始於自己；自己不承擔，別人就很容易看輕你，即使他是你的朋友。

　　台灣經濟規模雖然不小，但面積很小、人口不多。這樣條件的國家如何向世界證明，自己確實具有一顆保衛台灣、遏止戰爭的承擔之心？終極方案恐怕只有一個——全民國防教育訓練。看到你在做了，別人就信了，不管這別人是朋友還是敵人。朋友會因為你做了而來助你，敵人會因為你做了而止步。

　　何謂教育？何謂訓練？最有效的教育就是親歷實境，最紮實的訓練就是熟能生巧。

　　然而，台灣承平已久，連傳統的男子役期都由 2 年縮短為四個月。在社會富裕、少子化、年輕世代不喜拘束的情況下，如何推動全民國防教育訓練？即使將役期由四個月延展到 1 年，短短的 1 年內能夠完成多少訓練呢？

　　我們必須改變對國防教育訓練的觀念！化整為零，由簡入繁，男女老少同尊！也就是，不管集中性質的役期是四個月、1 年還是 1 年半，其中的某些訓練模組都可以分散化、分時化，化整為零；繁複的技能加以階段化，由簡入繁；男性、女性、少年、老年，各自都有引人入勝的競技方式。

　　全民國防，沒有定式，隨著每個國家的地理、民性和侵犯方的目的等條件，而應有所不同。

　　台灣島是由地理板塊擠壓而成，中央突起，從山脈至海灘距離極短，人居既密集又零散，城、鎮、鄉、村，星羅密布。台灣民性，在鬥性上應處世界中位線以上。

　　而眾所周知，敵方的目的是占領整個島，因為台灣是大洋的前沿，航空器、艦艇和潛水艇之優良基地。換句話說，入侵方占領半個台灣，甚至四分之三個台灣，都是沒有意義的；或者說，即使用隔空武器摧毀整個台灣的設施，若不能有效且全面的占領台灣所有城鎮鄉村，對敵方是得不償失的。

　　如此，我們可以得到一個結論，這也是推動「全民國防教育」行動的精義所在——民防應該是分散的、廣設的、遍布城鎮鄉村的。因為，這樣做便能清楚明白的告訴敵方：「你可以攻打台灣，但是你絕對不能有效且全面的占領台灣所有城鎮鄉村。」

　　打個比方，全民國防就像是有效的疫苗，它不一定能杜絕感染病毒，但多半能遏制重症。這策略，我稱之為「鄉里

自保論」——自己鄉里自己保，行有餘力保他鄉。以台灣的民性，只要政府順勢誘導，台灣做得到！

台灣的國球是棒球，台灣的「國技」呢？我認為應該是射擊！

## 2. 廣建靶場——最直接的國防教育訓練

當下最常被問的問題是：中共究竟會不會打台灣？不好意思的說，這是一個漿糊問題，它至少可以拆解為幾個子問題：「打台灣」是什麼意思？海峽上小規模交火算不算「打」？包圍封鎖算不算「打」？非登陸性質的攻擊，如局部武力破壞、基礎設施破壞、在台灣潛伏安置的「白區黨」（地下工作者）煽風點火鬧事算不算「打」？

重點是，不管中共「打不打」，台灣都需要備戰！由於地質因素，台灣必須時時「備地震」。由於地緣因素，台灣必須時時「備戰」，這道理還需要解釋嗎？

備戰分軍防和民防。軍防很多人在談，民防卻很少人談。我個人認為，台灣在國家安全議題上，民防比軍防更為關鍵。

很多人聽到「民防」兩個字，不是怕，就是酸。怕者腦中閃出的影像是敵軍登陸、軍民巷戰。酸者分兩類人，一類其實就是怕者，另一類就是投降派。

投降派認為「不過是換一面旗了的事」，這類群體就不值得去談他們了。倒是對還有血性和義憤的台灣人，我必須

提醒一件事，「民防」的威力不在敵人進攻後，而在敵人進攻前。

　　台灣既然是兵家必爭之地，就應該像兵家那樣去思考。兵家想的只有兩件事：（1）如何以最低的代價摧毀對方的意志；以及（2）什麼是自己負擔不起的代價。

　　民防備戰本身就是一種「標價」舉動，明確標出敵意方將會付出的最高代價，以及明確標示善意方介入的最低代價。

　　再講白一點，台灣廣大人民如果不做出民防備戰的動作，敵人就會認為只要打敗正規軍，台灣人民就會跪下，友國就會認為軍事支持台灣的代價太高，因為連台灣人都沒有戰鬥意志，憑什麼要別人來替你先流血？

　　如果有人在你家門口打你小孩，而你卻一聲不吭，甚至躲進屋內，鄰居和路人憑什麼來幫忙搭救？這樣講夠白話了吧！

　　台灣除了正規軍，還有後備軍人系統，而且已經開始加強動員，這是大家都知道的。但是，這部分屬於軍防，不屬於民防。民防是什麼？就是你我既不是正規軍也不是後備軍，但不分男女的平民皆表現出衛國意志。請注意，意志的展現比能力更重要！

　　意志的最基本表現方式，就是成年平民人人學會開槍，處處有槍械儲備。有人在怕了，有人在酸了，我嗅到了。沒關係，容我說細一點。

　　學會開槍，用意在於不怕拿槍。男生受過基本軍訓的，不是至少都開過幾槍嗎？打不準，不是問題，關鍵在於你（不管男女）敢扣扳機、不被聲響或後座力嚇到，向空鳴槍都可以，打空包彈都可以。

　　在台灣，私人槍械不可能合法化，也不應該合法化，因此答案就非常簡單了：開放有足夠控管的實彈靶場經營。台灣已有射擊協會，漆彈槍訓練遊戲場也不少，更有少量實彈射擊場。但現有設施都屬於體育休閒層級，無論數量及風氣，都距離「民防」的標準還差得太遠。

　　實彈靶場必須廣設，例如全台每個後備軍人槍械管理處附近，就該有至少一個實彈靶場。為了達到民防效果，應該舉辦年度、季度，甚至月度的「以社區為報名單位」（例如里、鄉、鎮）的實彈射擊比賽，並設計一套高額獎金作為誘因。事實上，這樣做每年全台總花費都不用 1 億台幣，就可以達到至少 5% 成年人口散落各社區的民防意識。加一把勁，2 年之內到達 20% 並非難事。靶場可以是公營，也可以是私營，估計想要虧錢都不太容易。

　　羨慕瑞士的國防安全地位嗎？那是因為瑞士明確的告知天下，侵犯瑞士必須付出什麼代價。瑞士是一個很容易被占領，但占領後吃不完兜著走的國家。瑞士戶戶會用槍，若想了解其靶場系統及槍枝安全管理辦法，上網搜尋「Shooting ranges in Switzerland」就有。

　　台灣人必須尚武！也就是台灣人必須有血性。即使是老書生，也應該追問一下，為什麼孔子他老人家也得學射箭？答案很簡單，因為《周禮》告訴他，六藝——禮教、音樂、射箭、騎馬駕車、書法、數學——乃人生必備技能。

　　2 年前，我在〈談台灣人的血性〉這篇文章當中提到：

　　一個血性不足的國家，幾乎注定就是被用來統治的。喔，說錯了，正確的說法應該是「一個血性不足的地方」，因為，血性不足的地方很可能根本不會成為一個國家，永遠只是一個地理名詞罷了。血性，這裡指的是被欺負時的反抗指數（請注意，是「被」欺負）。

　　台灣應該廣設靶場！我就言盡於此了。

## 3. 寓教於賽——最具吸引力的參與方式

　　上文關於台灣應該「廣設靶場」的論述當中，提到了兩點：（1）以台灣的地理條件，國家安全上，民防比軍防更關鍵；（2）民防備戰是一種「明碼標價」的舉動，明確標出敵意方將會付出的最高代價，以及明確標示善意方介入的最低代價。

　　不同意「廣設靶場」意見的人，大多可歸為兩類：（1）現代戰爭是高科技武器的戰爭，不是手槍和步槍的戰爭，民

間逞勇沒用；（2）一旦廣設靶場，萬一槍枝流入黑道怎麼辦？不是自己添亂嗎？

看來台灣社會對「戰爭」的理解和意識還沒到位。藉由本文，容許我拿起手術刀，直接切向要害。

沒人喜歡戰爭，但若被迫一戰，就要事前知道輸贏的關鍵。台灣若戰火燒身，一定是被迫的。在被迫的情況下，什麼叫贏？什麼叫輸？

台灣只要土地不被占領，就叫做贏；全台土地被占領了，才叫做輸。敵方要的是台灣這個島，即使摧毀了島上的一切，若占領不了這個島，敵方就算輸。

因此，扼止敵方啟動戰爭的最有效方法就是：讓敵方知道，無論是用封鎖戰、電磁戰、飛彈戰、登陸戰或任何形式的摧毀戰，都無法占領全台的土地。

當敵方百分之百的清楚認知到這點，其計算公式裡才會認真考慮「賠了夫人又折兵」的結果：攻擊了台灣卻又無法全面占領，等同瞬間拉拔了台灣的國際聲勢，到時要求台灣獨立的恐怕不是台灣自己，而是國際社會。

只要台灣社會現在就表現出「絕對不被你占領」的意志力，就是止戰、避戰的最有效武器，比軍機、軍艦、潛艇和飛彈還有效。

除了正規部隊和後備部隊，台灣的利器還有平民的在地、在鄉抵抗意志。因此，台灣應該廣設包含精準射擊、無

人機操控和實景戰術電子遊戲的廣義靶場，讓全台養成 30 萬的不懼戰者，這就是敵方無法占領台灣土地的最有效且最即時的方式。

直白的講，這比招募 30 萬正規士兵還要有效，因為一旦成為正規軍，就只能聽從統一號令、服從上級。其對占領企圖的嚇阻力，遠遠比不上一群散落各地本鄉本土、自發組織的不懼戰者。

只要得到國防部的同意及相關單位的支持，台灣民間絕對有能力在半年之內，在主要城鎮以經營自足的模式，至少創建 30 個電戰靶場。可採證照方式進行，如效法世界潛水界規範，以初級、中級、高級、教練級和特殊級畫分標準作業程序（SOP）。

如此，退役的特戰人員、實戰兵種和績優刑警等國家花費巨額培養的人才，就有了做靶場教練和管理人員的第二春職業生涯，不必去屈就與專業無關的業種。

假以時日，在每 10 萬人口一個靶場的比例下，台灣應設 200 個商業經營的靶場，全面培養台灣人的尚武精神和武德。設備方面，可由氣槍晉級到合法可購的模擬鎮暴槍，再進至由軍警負責管理的實槍。

台灣是兵家必爭之地，還沒聽說過這個地球上有哪個其他位於兵家必爭之地的國家，其人民是如此怕槍的。

新加坡男人不當兵就不能上大學，後備役一直到中年；

以色列男女皆服役；瑞士中立，但瑞士人乃山民出身，人人會用槍，多數家庭也有槍。台灣不能再處在桃花源了！

　　這可以是一件一蹴可及、完全不增加政府負擔的國安項目，經營盈虧完全由各地民間自理。會有足夠的「市場」嗎？認為沒有市場者，只能說是未接民間 —— 尤其是年輕世代——的地氣。

　　最後半開玩笑的說，在證照制度下，民間經營靶場者一定賺錢，只要遵循一個商業原則就可以了：女生半價！

## 4. 台積電列焦土戰略

　　過去 3 年來，事態已經很清晰：美國政府和中共政權都已將台灣定位為世界爭霸戰的核心利益，也就是「兵家必爭之地」。儘管雙方都還在用政治語言唱一些和平的高調，但在各自政治、經濟和社會的現實壓力下，看來都再唱不了太久了，大概 1 年吧，頂多 2 年。

　　原因很簡單，雙方心裡都明白，自己唱高調時，對方正在磨刀。自己唱愈久，對方的刀就愈利。

　　非官方的智庫或離職人員，則沒有政治顧忌，紛紛推出對最糟狀況的分析及對策。由前美國國安顧問歐布萊恩（Robert O'Brien）建議台灣在全台所有警察局部署刺針飛彈作為最後一道防線，到美國陸軍戰爭學院期刊論文〈覆巢：嚇阻中國入侵台灣〉（*Broken Nest: Deterring China from*

*Invading Taiwan*）中建議台灣政府協同美方制定各種「焦土戰略」，包括對台積電廠房實施自毀機制。

　　台灣社會看到這些「末日對策」，心裡肯定不舒服。這反應我完全理解，因為我於 2021 年 4 月所提出的「為什麼台灣需要廣設靶場」，立論先於他國智庫，但社會的回饋多半是沉默和嫌惡。八個月後，美國人提出來了，台灣作為局中當事人，還要繼續心理迴避嗎？

　　無論是歐布萊恩的警局部署刺針飛彈、期刊論文〈覆巢〉建議的台積電廠房實施自毀機制，還是我所提倡的廣設 200 座靶場、形成地方民防機制，思路基礎都是一致的：清晰的嚇阻決心，才是防戰的根本。

　　美國戰略界以美國利益為中心，分析「末日景象」的對策，這沒什麼好驚訝與氣憤的，日本肯定也在制定自己的末日對策。

　　倒是台灣，身為局中焦點，卻對涉及自身的最糟景象想都不敢想、談都不敢談，這只是彰顯了台灣作為一個國家，人民還有待「轉大人」。

　　台灣必須「明碼標價」，讓北京知道對台灣動武的代價，就是政權的滅亡。

　　2020 年 8 月 16 日，前總統馬英九表示，中國的攻台戰略就是「首戰即終戰」，我當天就在臉書上大大貼了兩句話：首戰即獨立、終戰即共亡。這就是台灣應該做的明碼標價動

作（順帶提一句，「首戰即獨立」來自馬英九執政時的國民黨高層，顯示頭腦清楚的人還是有的）。

## 5. 向全球「華人」徵兵，換取台灣公民權

台灣年輕世代愈來愈多比例願意保家衛國，但是可能緩不濟急。年輕世代中，甚至有人前往烏克蘭參加軍事行動。世界數萬年輕人主動前往烏克蘭助陣，相信他們也可以為台灣助陣。其實在軍力方面，台灣有一批「海外資產」可用，只是看台灣人的氣度夠不夠。

前面敘述了在全球各地——尤其是東南亞地區——「華裔」的窘境。他們知道，在中共的操作下，當地的排華是遲早的事；他們也都已經知道，台灣是「華文」和「華語」世界中的生活天堂。全球「華裔」人數相信在 3000 萬以上，其中難道沒有 2 至 5 萬人願意前來台灣服兵役以換取永久居留證，然後經過考察成為公民的？

的確，台灣過去是個「桃花源」，但是當有一天桃花源的角色受到挑戰時，台灣社會難道能不打開桃花源的入口？

2 至 5 萬文字、語言相通的兵源，就在那呀！完全看台灣社會的氣度以及實務操作能力。當然，台灣政府如果連移工（外勞）政策都做不好，無法杜絕其中的剝削與自肥，「移兵」一事就當作笑談吧。只是這笑談，真正對不起的是那些前往烏克蘭參戰的台灣年輕人。

## 6. 招募 50% 女兵

就像所有其他部門一樣，小小台灣的軍事部門處於大大超載的狀態。台灣的將軍比例，超過中東小鋼炮以色列，全球僅次於北韓。台灣的軍人總數，竟然有很長一段時間超過日本的軍人總數。

台灣的軍事目標只有一個：保家衛國。人若犯我，我必自衛。四面環海的小島國家，自衛之道僅有一個選擇：戰略問題交給政治，軍事上只走戰術，而且必須是絕對不對稱的戰術。

在這原則下，當下的 22 萬軍人是一個超大數量。雖然馬政府時代曾有裁減到 17 至 19 萬人的計畫，但我曾私下請教過一位已退的國防部長：如果裁至 10 萬人，夠不夠保家衛國？答案是：在設備、科技和組織相應配套革新的情況下，是可以的。

再經請教多位曾任關鍵要職的實戰將領，結論是：只要排除非軍事的政治干預、商業利益干預，並發揮台灣最成熟、最擅長的軍事科技，不追求一些 20 年才能半生不熟的技術，集中力量於不對稱戰術，純粹就保衛台灣為目標，在精不在多，10 萬軍力是可行的。

如果軍人總數控制在 10 至 12 萬人，募兵制的可行性就大增；如果再提高女兵比例，幾乎可說一定可達標。台灣軍

隊當前女性比例為 8.2%，美國是 13%，法國和澳洲在 15% 左右，而北歐的挪威高達 26%。各國女兵的軍種分布依次為空軍、海軍和陸軍。

如果把台灣軍中的女性比例提高到 50% 呢？台灣社會當下，女青年的向上心高於男青年，雖然僅占軍中 8.2%，但已經在各個角色出頭天，從飛官、傘兵、電子兵一直到陸戰隊，其表現優異的比例超過男性，這已是軍界都知的事實。

其次，在台灣文化下，女性傾向追求「成就認可」，而男性除了「成就認可」之外，還會猛追權力和金錢利益，而軍隊必須職業化，不能成為權力場和利益場。

第三，台灣只打自衛戰，靠的是具有不對稱威力的武器設備、精巧的操作和細緻的流程，這正是女性的長處。雄三誤射事件[7]，如果現場是一群受過訓練的女兵，不太可能發生，倒過來說也一樣，如果是有目的的發射，女兵肯定強過男兵。

10 至 12 萬職業軍人，男女各一半。這樣的配置，各位女性讀者認為呢？

---

7　為一起中華民國軍事事件，發生於 2016 年 7 月 1 日。當時國防部海軍於左營軍港的金江艦系統檢測過程中，艦上上士由於人為因素導致錯誤發射一枚雄風三型反艦飛彈，最後飛彈擊中在澎湖外海的翔利昇漁船，造成 1 死 3 傷的悲劇。

# ▌台灣應該做的「經濟對策」

　　如前文所述，習近平已經有意透過貌似瘋狂的經濟緊箍咒，將中共的經濟機器調整為戰時狀態，為對內威嚇政敵、對外挑釁做準備，同時進行一場全國性的「飢餓演習」，降低全體人民對生活的期望值，因為中國的經濟引擎已在熄火過程中。這顯示他已有「毀黨再造黨」的心理準備，也就是在中共權力骨架解體之後，他也不改變初衷。

　　台灣對中國的貿易依存度約 46%。2021 年底，台灣的銀行業對中國的總暴險值達 1.339 兆台幣，占總淨值 34%，若再加上香港，恐不止這些。台商製造業在中國境內（不算台灣境內及國際部分），總暴險值恐怕只會超過金融業。

　　自 2017 年 5 月，我呼籲台灣政府應該做「金融漢光演習」以來，至少四次做此提醒，但暴險幅度有增無減。

　　此外，已有長達 10 年時間在呼籲台商「不能做面料、只能做鈕扣」「靈肉分家、不要通吃、只承擔世界資本進入中國的橋梁角色」。在中共面臨財政解體的當下，台灣的政、商界再不拿出壯士斷腕的對策，恐怕就來不及了。

　　這裡說的「台商」，包括了所有與中國之間有生產、貿易、金融和投資關係的台灣企業，不管是直接還是間接關係。這範圍就非常大了，可能就包括你。很多時候，你覺得發生在中國經濟間的事情很荒謬且很嚇人，但因為「事不關

己」，所以只抱著看戲心情。等到有一天，你發現自己其實也是戲中人時，就已經來不及了。

十幾個月來，中國經濟上演了一連串荒謬的戲碼，從螞蟻金服、滴滴出行、補教業撲殺、送餐業團滅、演藝界群封、孩童玩遊戲限制（現在已延展到成人），乃至房屋限買限賣。台商對這些事都能朗朗上口，但不覺得和自己的眼前利益有什麼關係。

後來恆大地產爆雷事件來了，但可能只有沾染到地產業和金融業的台商感到驚慌，製造業和貿易業台商覺得那是別的行業的事。

恆大雷聲還在轟轟作響，又突如其來了全中國拉閘限電的禁令，這下，製造業的台商才慌了，成千上萬的台商，包括電子五哥在內，全數受到打擊。這衝擊波，很快會順著供應鏈跨過海峽，波及身處台灣的各級供應商。

如果我說：恆大爆雷、拉閘限電，與收拾馬雲、馬化騰、趙薇和限制兒童玩遊戲，其實是同一把火，你覺得訝異嗎？如果我說：這把火遲早要燒到你，你相信嗎？

現在，經過了上海封城，你信了嗎？

過去 2 年，在中國上演的荒謬劇，都是一盤大棋的一部分：習近平要把整個中國帶入戰時狀態——經濟上的、金融上的、文化上的、社會上的和人民心理上的。我們現在看到的，都還只是前菜，主菜還在後面。

必須進入戰時嚴控的原因之一，是中國極缺美元外匯。原先提供 60% 美元周轉的香港，被習自己砸爛了；疫情導致的供應鏈、運輸斷裂，不僅造成貨出不去、錢進不來，能源和原料還都大幅漲價。

人民幣流動性短缺，還可以自己印鈔；美元流動性出問題，那是死穴。一旦被逼到牆角，北京除了從自身的企業下手，把念頭動到外資企業上乃發生機率大的灰犀牛事件。例如，進一步阻礙外商貿易經常帳的美元兌換，甚至強制對一部分外商貨款改以人民幣支付，由外商自行承擔非官方匯兌、匯率風險。若走到這一步，台商必然首當其衝。那就是另類的「共同富裕」了。

基於以上，台灣應做的對策如下：

## 1. 啟動全方位金融漢光演習

2017 年 10 月，我建議台灣央行、金管會和金融界對中國經濟的暴險做「金融漢光演習」──極限壓力測試。之後 5 年，我至少再度作了四次提醒。但 5 年來，暴險部位有增無減。

對於台灣政府和企業，其實問題很簡單：倘若香港金融或中國經濟走山，你的暴險圖譜長什麼樣？暴險點在哪？總暴險值多少？財政、預算、現金流、生產鏈條承受力如何？

經濟部、財政部、央行和金管會如果沒有這樣一張精細

的全台灣暴險圖譜，那就是失職。企業的財務總監如果拿不出這樣一張暴險圖譜，那也是失職。我相信初估的、粗略的圖像一定有，但夠全、夠細嗎？然後，應付各種狀況的執行步驟為何呢？

舉個例，不久前我曾向一位食品相關行業的董事長提問：「發生哪一件事，就會讓你的企業經營不下去？」他的回答是：「如果大豆的進口被中斷。」

當時閃過我腦海的念頭是：政府知道每個行業的關鍵原物料需求嗎？是否有一個「應急保稅區」的預案，讓廠商在不利情況發生時可以多備一點料？公股銀行有沒有預案，對保稅區內廠商多備的料提供庫存抵押低利貸款，以供周轉呢？當然，這只是「土石流圖譜」中的一個小點，實際上需要考慮的還有千百點。

## 2. 建立關鍵原物料保稅區

2020 年 2 月疫情剛冒頭，我在〈台灣應啟動「經濟漢光演習」〉這篇文章當中預測中共接下來的動作，當時原文是：

通過封城和復工的交互運用，在境內隔離「高端人力」和「低端人口」，地理上將城鄉區隔為平行世界，實現「管制到人」的社會積分制度。為了成就這終極的專制體系，付出的經濟代價是：3% 至 5% 的 GDP、4000 萬至 6000 萬的失

業人口、國內供應鏈的纖維化、大量國內外債務違約、中長期經濟滯脹。

2 年多下來，情況的確如此。習近平已經將中國經濟調整到「戰時經濟」，中共內部鬥爭白熱化。值此變局，值得重提 2019 年 10 月我所提到的：政府應該立刻成立「應急保稅區」，供廠商預備三至六個月的關鍵原料；公股銀行對保稅區內廠商備料提供庫存抵押低利貸款，以供周轉。

2021 年 10 月，台灣行政院提升中小企業應急貸款額度，但若能加上「關鍵原物料保稅辦法」，則更能督促企業搶先針對關鍵原物料備料。

打個不太恰當但很傳神的比喻，台灣若低估了中共在變局下的政治操作，後果可能就是各種物資的供需，如同疫情初期的「口罩化」——供不上、買不到。於此呼籲政府及企業界有備無患，不只外銷行業如電子業，也須包含內需行業的各類民生用品。

## ▋ 台灣應該做的「國際對策」

以上論述了在中共財政解體後還「不作改變」之下，台灣政府及民間社會內部「應該」做的事。接下來，略談台灣在國際上「可以」做的事：

## 1. 太平島國際招標

即使台灣內部做了以上的一切，還是有可能被逼到純粹的戰爭邏輯中。兵不厭詭，甘冒大不諱，以下略述幾項「死地求生」之術（請回顧前文中對「關鍵少數」所下的定義）。

2018 年在香港的「香江論壇」中，我直接對聽眾內的中聯辦高官說：「如果北京膽敢對台灣動武，是我的話，我就會出兵釣魚台，引出日本來和中國決鬥。」

此話當時被台灣社會視為天方夜譚，然而就在 2021 年 11 月，我意外的從台灣一位退役高級將領得知，多年前在一場他本人參加的美、日、台聯合軍棋推演中，得到的結論就是如此，而在那場軍棋推演後，日本政府嚇得隨即祭出官方買下釣魚台的動作。

太平島國際招標這提案，也是在 2018 年提出的。台灣在國際上雖缺少法理主權（de jure sovereignty），但包括無邦交國在內的許許多多國家，都接受台灣的實質主權（de facto sovereignty）。且所有國家都知道，台灣最不需要的就是軍事衝突。這極為特殊的世界地位，其實也給了台灣一個極為獨特的條件：作為一個缺少法理主權的國家，台灣其實沒有完全的義務遵守以「法理主權」為先決條件的國際法或國際仲裁，而可以有創意的施展實質主權。以太平島的處置為例，辦法如下：

- 台灣向國際宣布太平島為「中性化領域」（neutralized zone）。
- 台灣把太平島畫分為兩塊，對聯合國內所有成員國之中的任何兩國，開放租借太平島，展開公開透明競標。

請注意，以上說的是「中性化」（Neutralization）而非「中立化」（Neutrality），這兩者在國際法上有著微妙差異。後者的提出需以法理主權為基礎，而前者不必。因此，台灣可用參加世界貿易組織（World Trade Organization, WTO）的主體身分進行此競標，競標條件只有 4 項：

- 1 美元起標，競標期內出價最高的兩方得標；租借期為 99 年，只得作為和平使用。
- 得標兩國與台灣簽訂，租借期內互不武力侵犯並協防台灣安全。
- 太平島海域內若產生經濟利益，台灣可得其中一定比例（例如 10% 或 20%）。
- 倘若流標（競標者不符合前述條件或沒有國家競標），則此標案永久有效，台灣隨時可再度啟動招標。

這個處置太平島方式的好處是：（1）將台灣實質控制的太平島這個變數，由南海衝突的公式中移除；（2）保障了台

灣的國家安全；（3）最高分貝的向世界表達了台灣追求區域和平的願望。

## 2. 核廢料放東沙島

　　台灣已經廢除新核電廠，但是已囤積數十年的核電廢料依舊是個鮮活的政治議題及安全隱患。此話題如鬼魅，隨時可能依附國內與國際政治氣氛的變化而獲得重現。

　　料想 2022 年的地方選舉、2024 年的總統大選，核廢料話題不會缺席。既然如此，建議乾脆「一次解決、一石二鳥」，把所有核電廢料，儲存到東沙島去！

　　「一次解決」指的是：當前核一、二、三廠、核研所和減容中心所儲存的核電廢料總數約 10 萬桶，儲存總面積預估約 26 公頃。加上未來運轉周期所將產生的新廢料，以及目前蘭嶼的儲存量，佔量 35 公頃面積可解決。1 公頃等於 0.01 平方公里，從寬估計為 40 公頃，那就是 0.4 平方公里，而東沙島陸地面積是 1.8 平方公里。

　　東沙島其實是個橢圓形的環狀島，中間是個大海湖。核廢料放東沙，其實並非異想天開。根據資料，上世紀 70 年代，台灣已經深度研討過各核能先進國家使用的核廢料投棄處置技術，原本計畫是最終將核廢料放置於台灣東南方的海溝內，蘭嶼貯存場不過是暫時存放中繼站。

　　運用技術將核廢料永封於海底，也早已是國際慣例。二

戰結束前的 1946 年，美國就已在加州外海 80 公里處掩埋過核廢料。

二戰後，至少有 14 個國家曾經在北極海、大西洋、太平洋中技術掩埋過大量核廢料，包括美國、蘇聯、英國、瑞士、比利時、法國、荷蘭、俄國（蘇聯解體後）、日本、紐西蘭、瑞典和南韓。台灣的上述那點核電廢料，比起已經封存在海中的核電廢料總量，分量真的連人家的小拇指都不如。

是的，1993 年的《布魯塞爾協議》中，禁止日後將核廢料封閉於「海床」（ocean floor）上。但這種禁令，效力大概和許多國家的廢土管理辦法差不多。

再退一萬步講，海島國家如日本、英國和台灣，核電站都設在臨海邊，只要出了事故，就不可能不涉及海水。2011 年日本福島事故，不就直接與海水有關？

不但海島國家，連大陸國家都如法炮製，中國不就沿著海岸線蓋了幾十座核電站？若說對台灣的威脅，這幾十座核電站比起台灣的核一、二、三，不見得更小。只是因為政治互不隸屬，台灣管不到，也無法對其廢止與否進行公投。

這裡要說的是，在沒有人是模範生的情況下，台灣實在沒必要強迫自己做國際模範生，全學期遲到一次就內心不安。翻來覆去的核電政策都已經浪費了 3000 億至 5000 億的納稅錢，在當前的技術下，只要用浪費額度的十分之一，相信就可以穩妥的將所有核電廢料封存於東沙島。

　　至於要放到東沙島內湖的「海床」還是「地下」，這就需要地質科學家的研判以及政治家的腦袋了。國際法庭幾年前宣判太平島只是個「岩礁」，而不是個「島」，台灣不就從來不認可嗎？還不是照樣當個島來用！國際說話了嗎？沒有。因為保護太平島的主權不落入惡意方之手，乃南海區域國家及整個國際的利益。

　　另一方面，「一石二鳥」指的是：核電廢料放東沙島，不但從此澈底解決了一把懸在台灣頭上的國內政治刀劍，很吊詭的，這動作也會對區域安全做出貢獻。

　　核廢料的儲存技術，可以抗地震和海嘯，但卻抗不了砲彈。因此，誰砲擊東沙島，誰就是整個南海區域的敵人。砲擊東沙島的那一方，他方砲擊其核設施也就完全有理由了。台灣雖然沒有核子武器，但是誰說台灣不能創造核嚇阻呢？

　　至於有人說東沙島是國家公園，不能放核廢料，我的回答是：那你如何解釋在國家公園內駐軍放大炮呢？

## 3. 正式申請成為歐洲議會觀察員

　　說個小故事：在 2015 年，我受邀到德國四個城市進行《台灣是誰的？》新書發表會，而在德國柏林那場新書發表會上，主持人是總理梅克爾（Angela Merkel）的貼身一員。我問了她一個天方夜譚的問題：「台灣可不可能加入歐盟？」她臉上露出一個古怪的笑容，回答說不可能。但隨即她又補

▶▶▶ 圖五：台灣應做的對策

充了一句：「但是你們可以試一試歐洲議會（European Parliament），申請作為觀察員，因為已經有前例，日本已經是觀察員了。」

回到台灣後，我把這句話發表了出來，但當時政府並無反應。現在來到 2022 年，台灣執政黨已換，歐洲議會也對台灣表現出高度的好感，也許是台灣直接提出申請作為觀察員

的時機了。

在「不作改變」的中共苟延期內，台灣應該怎麼做，可以做什麼，前文已經花了相當篇幅討論。以下也會用相當的篇幅，來談中國「被大幅改變」時段的台灣「預策」。核心思想可以用一句話概括：地理上，無論「中共」或「中國」的終局如何，台灣未來 1000 年都得在隔壁那千萬平方公里的大陸塊邊上生活，在這地理現實下，台灣得要靠意志，但是台灣不能忘了也要靠氣度！

## ▋ 小幅改變——台灣「聽其言、觀其行」

回顧一下我對中共解體後的「小幅改變」所下的定義，所謂「小幅改變」指的是：（1）更改「中國共產黨」的名號；（2）黨內領導出台制度，至少學習越南共產黨，實施超額選舉，也就是各級領導幹部至少有兩名候選人，由下級黨員逐級匿名投票產生。

在 2020 年至 2022 年間中南海對全民所玩的「飢餓遊戲」之後，中共如果解體並主動進行「小幅改變」，中國人民及國際是會鬆一口氣的，並將這個改了名的政黨放入「留校察看」單上，也就是「聽其言、觀其行」。

台灣也應該對此表示歡迎，但警戒心一步不可放鬆，上節所述的在中共「不作改變」情況下所有應該做的，都得繼

續做。

　　越南共產黨當年實施黨內超額選舉，也花了好幾年時間。幾年是很長的時間，小幅改變途中隨時可能出現變數。雖然只是中共體制內的小幅改變，但是我們知道，中共內部連一個小「政策」，都可以被用來做大鬥爭。例如 2022 年的「清零政策」，就成為習派和反習派的生死鬥爭焦點。因此，政黨改名以及超額競爭這種屬於「戰略」層次的動作，肯定會帶來一場生死博弈。

　　當中共作小幅改變，台灣在態度上可以釋放出適當的善意；但是在心理上和行動上，必須有應對反覆波折的準備。中共凡是進入生死博弈狀態，對台灣來講就是危險期。

## ▌ 中等改變──台灣「牆頭草」將失去不做決斷的理由

　　中等改變是在小幅改變的基礎上，進一步作改變。回顧定義如下：

- 中國出現至少一個正式的反對黨，這些反對黨可以是出於現有的 8 個花瓶政黨如「民革」（中國國民黨革命委員會，由建國前的中國國民黨改名而來），也可以是今天「中共」內的不同派系分裂而來，或是完全

新成立的政黨。

- 循序漸進實施真正的一人一票普選。例如，鎮級單位以下先實施，然後再進入市、省、特區及中央。
- 軍隊國家化。
- 領導層任期制。
- 取消武警，公安回歸地方；精簡合併各路情治機構，納入司法檢調體系。
- 明確人民私產物權法、隱私法。
- 以上規範入憲。

這過程會多長？ 5 年算飛速；10 年算快速；20 年叫正常；30 年叫「不滿意但能接受」。

台灣今天在制度上遠遠領先中國，這點無庸置疑。但是，在這段「中等改變」的期間，台灣必須自我精進，保持領先的地位，在我看來，重點在司法改革以及教育體系改革。有關這兩方面的做法，我已經發表了數十篇觀點。本書中就不再贅述了。

當對岸出現「中等改變」的跡象時，不論那是中共主動的還是被國際逼迫的，對台灣的國際地位都是一大機會。台灣可以用其「關鍵少數」的地位，要求世界 —— 尤其是美國，給予台灣值得的對價。在當下，台灣只能做「乖學生」，但實質上，台灣的世界地位是遠遠超過一名乖學生的。

　　比較值得關注的是，中共的「中等改變」將為台灣的中國國民黨（KMT）開啟一個機會窗口。在「中等改變」下，KMT完全可以返回中國成立黨支部，甚至要求將花瓶黨「民革」復名為「中國國民黨」，正式宣布將KMT總部搬遷回中國，與還在執政的「中國共產黨」（CCP）競爭。以中國民間尚殘存的「民國情懷」，KMT在中國能夠爭取到的黨員，應該100倍、1000倍於當下在台灣的黨員數量。

　　這裡透露一個鮮為人知的數據：2012年，當KMT馬英九擔任總統的時候，位於台北市八德路的KMT中央黨部，每年收到來自中國的入黨申請表，數量超過2萬。

　　在中共「中等改變」的假設下，台灣的KMT就沒有任何理由做牆頭草、兩邊倒了。心懷中國的，立馬就可打包返回中國救國；心懷台灣的，也不得不做出選擇，踏踏實實的在台灣安身立命。

　　但台灣當下的第一大黨民進黨，以及第三、第四和第五黨，也不是沒有責任。如果在KMT重心轉向中國之後，台灣的其他黨內部分人士開始爭食KMT遺留下的有形、無形資產，那就只能證明黨格低下、人性低賤。

　　台灣選民眼睛得睜大一點，住民自決，你繳了稅，台灣的資產是我們大家的，不是哪個黨的。

　　換言之，中共若作「中等改變」，台灣社會可以更健康。但保持健康是你我的共同責任，不能依賴任何神明、包

公、媽祖、濟公和土地公。

## ▌大幅改變 —— 台灣可以怎麼做？應該怎麼做？

根據本書的定義，對岸「大幅改變」具有以下三個性質：
（1）它是被動的；（2）它是失控的；（3）它的過程是高度
互動演化的。

只有到圖窮匕見的最後一刻，人們才能判定「後中共的
中國」會走向何方。

既然已經寫到這個階段，必須與各位分享一下我的個人
看法。我認為：「後中共的中國」有可能在「小幅改變」方
面虛晃一招，但邁向「中等改變」的條件不足；比較大的機
率是「不作改變」或「大幅改變」——但這其實是同一件事。

前面已論過數次，「不作改變」的結果就是「被大幅改
變」。走到那一步，「中等改變」其實就變成「被大幅改變」
的選項之一了。

不論是「大幅改變」還是「被大幅改變」，那將是一場
耗時經年、動盪無比的年代。從演化思維看，對各種終局，
台灣都在此時期具有前所未有的「能動性」，如何務實的善
用，將是台灣歷史上的最大考驗。

最嚴苛的考驗，就在於理解到台灣在國際政治中的夾縫
地位，若善於應用，台灣的生存向上經驗足以形成一門「台

灣學」（Taiwanology）；若不善於運用，可能就形成「搬石頭砸自己腳」的國際政治案例。

「台灣學」的精義，在我看來就是「目標堅定，但分兩步走」。在第一階段，做好自己百分之百可以掌控的事，例如訂立《台灣基本法》、去除政治肉桶、司法改革、教育體制改革、小政府大社會和固化民防等。如此，第二階段的收官，將水到渠成。

## ▊ 明碼標價以避戰、止戰

在中共「被大幅改變」時期，戰爭爆發的機率很高。前文已經提及一些，更詳細的論述請參考《被迫一戰，台灣準備好了嗎？》一書。

由於是一個失控的過程，啟戰的不一定是哪一方，戰爭的起爆點也不一定是台海，南海、東海，甚至北海都有可能。

因為在失控過程中，所有國家都會用區域的觀點看自身利害。一旦局面失控，中、台、日、韓、朝、俄，其實就是命運連動體，任一方的動作都會牽動所有其他方。當然，美國絕不會缺席，但它是用「俄烏戰爭」模式不缺席，還是以當年「韓戰」模式不缺席？事不到臨頭，誰都說不準。

立場、態度及意志，非常關鍵。在失控狀態時，只有這立場、態度、意志是完全操之在我的。

當下，台灣許多人還在以下 A、B、C、D 四種態度間搖擺不定。它們分別是：

## A 組
- 首戰即終戰，只要中共武力攻台，台灣一定被拿下。
- 只要台灣馬上接受「台灣屬於一個中國，中共代表中國」，中共就不會武力攻台。
- 中共攻台，美國即使介入也會輸。

## B 組
- 戰事不會發生在台灣，因為以中共的實質戰鬥力，根本不敢發動渡海戰爭，而非渡海戰爭的攻擊是沒有意義的。
- 中共攻台，美國百分百會立即馳援。
- 中共如果對台動武，結果一定是自己先內部垮台。

## C 組
- 神靈和媽祖一定會保佑台灣不捲入戰爭。
- 即使發生戰爭，台灣也不需要死人，因為別人會來替台灣死。

**D 組**

- 當前是台灣國家正名的最好時機,甚至是唯一時機。自己不先表明正名的態度,國際上怎會真的相信台灣人民有自主決心?

如果深信 A 組,你應該做的動作,就是立即負笈北京向中共輸誠,或立即移民逃難;如果深信 B 組,那你就應該老神在在,自保即可;如果深信 C 組,那你就可以繼續歲月靜好的喝下午茶,該幹嘛就幹嘛;如果深信 D 組,就應該了解今天台灣國家正名的最大障礙,除了中共之外,就是美國。對鴨霸中共,只有等它被大幅改變。但對美國,可以對參眾兩院議員開足馬力遊說,讓他們對執政白宮者施壓。

除了 A、B、C、D 四組,還有 E 組嗎?有的。E 組可以這樣形容:避戰要積極,但是備戰必須比避戰更積極。既然選擇住在台灣,就有義務挺身保衛台灣。

戰爭會死人,不死人的戰爭叫做投降。若希望其他國家在戰時成為盟友,自己就必須提供讓別人願意成為盟友的理由及好處。天下沒有白吃的午餐。

## ▋美國借名片論──Taiwan,還是 R.O.C.?

一個「後中共的中國」長什麼樣?地球上沒有比台灣更

是「利害相關者」了。台灣的主體性問題、國名問題和國際法理地位問題，一定只有「一步到位」這一條路嗎？

有沒有兩步到位、兩階段之道呢？堅持一步到位者，願不願意考慮兩步走呢？還是看不破生死，認為歷史一定要在自己有生之年完成，才叫歷史呢？

2018 年，我判斷美國將向台灣「借名片」，並先後就此發表了三篇文章：〈川普如果向台灣借名片〉〈美中文明對撞下，台灣的角色？〉和〈黑天鵝——「中華民國 R.O.C.」的品牌轉移價值〉。此三文後皆收錄於《2022：台灣最後的機會窗口》一書中，據可靠消息，中南海早已就此三文及該書內容做了深入探討。

當下，事態正往這方向發展，台灣社會必須對以下三個問題開始探討及辯論：（1）究竟是出借哪張名片；（2）一步到位還是分兩步走；（3）中南海的可能反應及台灣的對策。

先簡要介紹前述三篇文章當中，對「美國借名片」這概念的要點：

- 若美國認定，只有改變中共政體才能遏止中國的軍事擴張，最有效的方式就是向台灣借用名片，因為唯有透過台灣名片的力道，才能動搖甚至瓦解中共的統治。
- 地球上沒有「台灣問題」，只有「中國問題」。中國問題的解方在台灣，尤其繫於台灣的主體性，也許台

灣人自己不這樣看,但世界是這樣看的。

- 2016 年,我發表〈中共不等於中國〉一文,其後隨著形勢發展,「反中共不反中國」以及「反共產體制不反中國人民」成為美國共和黨和民主黨的共識。

- 不論台灣社會喜不喜歡「R.O.C.」,這張名片對美國具有重大的可操作品牌價值,而「Taiwan」這張名片對美國有重大的長期戰略價值。

接下來探討三大核心議題。首先,從台灣利益的角度,應該出借哪張名片?

若能在無恐懼的理想狀態下舉辦公投,當下的台灣多數人,肯定是希望美國及國際一步到位的承認「台灣共和國」(R.O.T.)這張名片。

但若如此,從中南海的角度看,等於是美國向中華人民共和國(PRC)直接主動宣戰,這並不符合美國的國家利益,即使對美國的死忠盟友而言,國際法上的操作也過於複雜難行。因此,台灣社會不得不深思,如此一步到位真的符合台灣在現實政治下的最佳利益嗎?

但是,若「一步走」切割成為「兩步走」呢?我在〈香港國安法,北京跨過奈何橋〉一文中寫到:

如今北京強渡關山,不惜撕毀《中英聯合聲明》,這樣一

來，英國在法理上也可以要求 WTO 取消香港的實體地位，美國也可以理所當然的取消對香港的所有特殊待遇。甚至，中共跨過的這條國際紅線，有朝一日也可能成為美國撕毀「美中三公報」的案例援引。

當下，美國通過的種種對中共政權的法案，加上醞釀中的《台灣防衛法》（Taiwan Defense Act）及《防止台灣遭侵略法》（Taiwan Invasion Prevention Act），實質上已經動搖了「美中三公報」的基礎，只差對峙形勢進一步惡化後的宣示了。台灣現在得問自己：假設美國要借「R.O.C.」這名片，屆時政府同不同意？當然，美國也可技巧性模糊的避開「China」和「Taiwan」這兩個字，而用例如「Two Chinese nations」（兩個華人國家）這樣的字眼，屆時台灣人同意嗎？台獨工作者同意嗎？

美國若走這條路，最終目的當然不是為了創造「兩個中國」，那對美國利益一點好處都沒有。這樣做一定只是過渡性的「品牌操作」，若干年後可進行「品牌轉移」。台灣在「R.O.C.」品牌被「先借後轉」之後，剩下什麼？你很聰明，你猜對了。

再來，就要談中共的反應及台灣的對策了。中共會如何？那就要看美國的智慧及中國人民的反應了。台灣社會得綁好物理及心理的安全帶，做應該做的，積極嘗試可以做的。

另外，也須意識到，在世界眼中，台灣主體性的唯一落腳點，就是真正的民主、自由和法治，三者缺一不可。台灣還有很大努力空間。

## ▌台灣的對價，與「中華民國」或「台灣共和國」無關

如果有一天，美國、日本、英國或某歐洲國家，正式承認「台灣共和國」，並在聯合國提案讓台灣共和國加入一席，你覺得它們這樣做的目的是什麼？

如果有一天，美國、日本、英國或某歐洲國家，不甩「中華人民共和國」，承認「中華民國」，並在聯合國提案讓中華民國也加入聯合國，你覺得它們這樣做的目的又是什麼？

是因為它們想避免與中華人民共和國發生軍事衝突嗎？當然不是，因為那是誘發戰爭的動作。

是因為它們想與中華人民共和國開戰嗎？當然也不是，世界的問題已經夠多了，沒有西方大國會想冒大型戰爭的風險。

難道，是因為它們愛台灣、愛台灣人？別搞笑了，當今世道下，每個政府愛自己國家、愛自己人民都嫌資源不足了，還會有餘力來愛台灣、愛台灣人？

　　以上兩種情況不可能發生嗎？國際現實政治中，沒有什麼不可能發生的，完全看環境條件，也就是權力格局和利益格局。一旦條件到位了，上述兩種情況都有發生的可能。

　　台灣、台灣人，不論是「台灣共和國」派還是「中華民國」派，都得問自己一個問題，足以使得上述兩種可能「到位」的條件落在何處？

　　可以很明確的說，這條件不會是台灣的經濟地位及軍事地位，而會是台灣的政治地位及文化地位。

　　台積電的經濟實力可以是「護國神山」，但不足為「開國神山」；而台灣軍力再強 10 倍，也不構成前述兩種情況的條件。

　　世界期待台灣的，不會是經濟，也不會是軍事。世界期待台灣的是一種角色，一種政治場域及文化場域的角色，簡單說：一種「馴獸師」的角色。

　　過去 100 年，世界上出現一批「養獸人」，他們叫做「中國共產黨」。中國共產黨把一個叫做中國的地方，養成了一個怪獸，並供奶給地球上許多其他小怪獸，期待有一天把自己打造成為地球的怪獸王。

　　怪獸已成形，因此世界面臨一個新命題：世界必因中國而改變，剩下的只是變得更好還是變得更壞的問題。事實已證明，如果任由怪獸再繼續怪下去，世界必然變得更壞。

　　如何讓怪獸不再搞怪，甚至走上康復呢？

　　怪獸由十幾億個細胞構成，其中 7% 的細胞，控制著 93% 的其他細胞。這 7% 的細胞告訴 93% 的細胞說，沒有我，你們都將被世界吃掉。然後這 7% 的細胞告訴世界說，沒有我，其他 93% 的細胞就會亂掉，世界就會亂掉。怪獸靠著這套邏輯，恐嚇了內部，也恐嚇了外部，並逐步壯大。

　　世界好像只能接受怪獸的存在。然後，世界在怪獸旁邊看到了另外一群小小的細胞。生化鑑別之後，世界發現這群小小細胞，固然在 DNA 結構上與怪獸細胞有著無可置疑的關聯，但是竟然已經變異成為了另外一個新物種。如同所有醫學的基本道理，世界逐漸達到結論：只要從這個新物種中提煉出它的幹細胞，就有機會改變怪獸的體質。

　　這樣，世界就從第一個新命題：世界必因中國而改變，而引出了第二個新命題：中國可因台灣而改變。

　　請注意：這第二個命題與「台灣共和國」還是「中華民國」沒有半毛錢關係！世界並不在乎這個 3.6 萬平方公里的島嶼國家叫做什麼名字；世界只知道，在整個地球上，只有這 3.6 萬平方公里上的人所說的話、所寫的字、所行的制度，那個怪獸體內的細胞才聽得懂、讀得懂、看得懂！

　　這個幹細胞的角色，美國做不了、英國做不了、歐洲做不了、日本做不了！地球上，只有台灣做得了。還沒看懂這點的人，不妨用以下類比來思考一下：今天世界離不開台積電，是因為台積電有它的獨特功能性，一旦台積電喪失了它

那獨特功能性，就會失去世界關愛的眼神。

　　台灣的獨特功能性，就是它證明了在同一系統的文字、語言之下，可以產生政治制度中的民主、生活方式中的自由。換句話說，台灣證明了「方塊字系統」在現代環境中可以基因突變、掙脫歷史慣性的詛咒。

　　台灣這個只占地球總陸地面積 0.024% 的島國，經過多種語言文字系統的洗禮之後，竟然能夠使得其中的方塊字系統，產生了幾千年來未曾見過的基因突變。

　　若說當前附身於中國怪獸的中共最怕什麼，就是台灣島國上的那種突變基因了。世界過去沒看到這點，但，現在看到了。

　　台灣人到現在還沒明白過來：世界已經給台灣分配了一個任務，就是世界將來願意支持台灣、保護台灣的對價。台灣只有不斷的對自身的民主、自由、法治糾錯，不斷精進、鞏固自己的幹細胞地位，才能換得世界的支持。

　　當「後中共的中國」逐步到來時，台灣就是世界眼中的「馴獸幹細胞」。這是台灣與世界之間的一種對價關係，正如台積電的「製程技術」與世界的對價關係一樣。這種對價關係，台灣若做到位了，世界自然往台灣身邊靠攏。

　　再說一次，世界攤派給台灣的這件任務，最後究竟是由「台灣共和國」還是「中華民國」來完成，對世界來說是不重要的。世界看的是台灣的國格，不是台灣的國名。國格，

比國名重要，正如人格比人名重要。

## ▌「方塊字圈」的文明燈塔

　　台灣所使用的文字，必須正名為「方塊字」。方塊字博大精深，可詩可詞、可文可武，然冠以「漢字」「華文」和「中文」等名，均框限了其文化意義，自陷於人類文明演化角落，實有正名為「方塊字」的必要，以凸顯文字演化之廣闊可能。

　　時至今日，使用方塊字的圈內人，實不宜拘泥於舊詞、舊意、舊形，應勇於創新詞、新意、新形，乃至與其他文種融合，以達跨地域、跨血緣、跨族裔、跨國界之無限可能，與世界各類文明並駕齊驅。

　　方塊字使用者遍布全球，可分為兩部分，其最大宗約 14 億人，生活在今天稱為「中華人民共和國」的那塊大陸地（以下簡稱「A 組」）；第二部分總數大約 5000 萬至 6000 萬人，生活在中華人民共和國之外（以下簡稱「B 組」）。

　　由於方塊字承載了數千年來累積的文獻、典籍和文學詩詞，上至儒、道、法、釋的思想，下至小說、戲曲和成語，無可避免的，凡是方塊字使用者，腦袋裡的意識和思維多少都有某些共通性，也就是文化的紐帶。

　　這是人腦的結構使然，就像盎格魯薩克遜文字，俗稱

「英文」的使用者，無論身在地球何處，都避不開某種文化紐帶一樣。以突出的例子講，南非受英文教育的黑人和紐西蘭受英文教育的白人之間，其文化紐帶遠大於西班牙白人和魁北克法文區的白人。

「Civilization」這個字被翻譯為「文明」，而非「血明」「種明」「語明」或「祖明」，是有深刻意義的，因為文字的紐帶力量，遠超過血緣、種族、語言和祖先來源的紐帶力量。

因此，方塊字使用圈中的 A 組和 B 組，不管在地球的哪個角落，都具有文明的紐帶。話雖如此，由於歷史的因緣際會，A 組和 B 組生活在不同的政治制度下也不稀奇，就像同樣接受法文教育的地區，法國的民主政治制度和非洲法文地區的集權政治制度，也因為歷史際遇的不同而南轅北轍一樣。

從文明圈內政治制度的統一性來看，英文文明圈內最為統一。在英文圈內，我們幾乎想不出來一個不走民主、自由、法治的國家；相對而言，西班牙文圈的發源地西班牙已經走上民主、自由、法治，而南美洲的西班牙文國家，卻不乏還生活在極權或集權的政治制度下，儘管這兩組西班牙文使用者共享政治制度外的一些文明紐帶。

回過頭來看方塊字文明圈內的 A、B 組，很明顯的，在共享某種因方塊字而來的文明紐帶的同時，它們處於政治制度的競爭，甚至衝突。

非中華人民共和國管轄的台灣，具有 2300 萬人口，可說

是方塊字 B 組中的最大者。尤其有意思的是，台灣的方塊字使用者橫跨了至少十幾種血緣族群，甚至幾十種；宗教上，全世界的教種，或多或少在台灣都有一塊；性別價值觀上，台灣也是亞洲最寬容的。

簡而言之一句話：台灣在地球上的方塊字使用者圈內，是最包容的一塊寶地。在政治制度的開放性上，儘管還有所不足，台灣也無疑是方塊字使用圈內最為民主、自由、法治的地方。

我們真的不知道，方塊字使用圈中的 A 組──中華人民共和國，會不會有一天走上民主、自由、法治的政治制度。但如果，這是一個很大的如果，它有一天走上這個方向，無論是主動的還是被動的，與其不隸屬的台灣，就成了一群大雁的雁頭。

台灣絕不能妄自菲薄，要知道，文字的力量是超越一切的。同樣是使用方塊字，只要你的方塊字上所承載的理念和經驗具有吸引力，終究有一天你會成為燈塔。

台灣今天所需要警惕的有兩件事：（1）自我破壞了政治制度文明；（2）方塊字使用的能力不足以承載你的理念，且不足以表達你的經驗。

若台灣能夠精進其政治制度文明以及方塊字使用的能力，有朝一日將成方塊字圈內的燈塔，即使台灣已經獨立、無論「後中共的中國」是個單體還是多體的組織。

# 《台灣基本法》──主體性兩步走

大家不要再自己騙自己了，台灣的民主和法治若想再繼續深化，遇到的障礙是「體質」的問題，這情況就像醫生對病患說：「你的身體毛病百出，頭痛醫頭、腳痛醫腳是沒有用的，吃這個藥那個藥也只能治標，小手術沒用，大手術你的身體狀況承受不了，唯一的道路就是自己先改善體質，然後再談吃什麼藥、動什麼手術。」

這個導致台灣長年以來原地打轉、分裂無解的「體質」問題是什麼呢？容我再用烏鴉嘴重複一次：拜託大家不要再自己騙自己了，誠實面對它吧！

這個使得台灣永遠處於「原地打轉、分裂無解」的體質問題就是：小小 3.6 萬平方公里、2300 萬人的島嶼，披著一件原來為 1000 萬平方公里、5 億人口設計的憲法及剛性法系的大衣。小身軀拖曳著巨漢的大衣在世界上行走，多年來百孔千瘡，現在已經拖不動了，只好停下來，不斷的自己掐自己以防昏死。

剪裁這件大衣，叫做「修憲」。大衣確實已經改過幾次，但都是補破網式的小打小鬧，然後，眾所周知的，在老大國民黨、新貴民進黨以及某些特定人士的「陽謀」之下，未來改大衣的可能性被實質凍結了．

換句話說，那個阻礙台灣往前行的體質問題，被包上了

一層水泥，把台灣的制度創新、法律進步、行政協作、適才適任的出路整體堵死。

難道要說第三次？拜託大家不要再自己騙自己了！

台灣社會不分藍綠統獨，只要是自認有知識的人，都知道這個體質問題的根本性，但是只有極少人敢於面對它，多數人不是在消耗這個體質所餘的殘羹剩飯，就是困於邏輯概念：修憲已經不可能了啊，除非用違憲的手段去修憲，或者革命。

其實，大衣的量身裁減是有解方的，就看裁縫敢不敢違逆當年師傅的規訓，開開腦洞，跳出盒子思考。

我現在用的是蘋果電腦，它的操作系統是 MacOS。但是，我在 MacOS 底下安裝了一套微軟的 Windows 操作系統，兩套操作系統並存，切換著使用，視工作性質而定。使用起來相當順暢，因為已經有高級的軟體工程師，把兩套原先互不相容的操作系統的底層協議代碼（protocol）給轉換連結了。

憲法，或任何下位法，都是建構於最底層的法學概念，只要打通了法學概念，上位和下位是可以互通無礙的，就像人們可以在 MacOS 下執行 Windows 的應用，因為有高手把最底層的協議代碼打通了。

當然，這裡的 MacOS 操作系統是《中華民國憲法》的隱喻，而 Windows 操作系統是《台灣基本法》的隱喻。這裡不

敢掠美，有關《台灣基本法》的研究和草擬，早已有法學者宿、學術界、知識界進行多年，只是台灣勇敢面對「體質問題」，也就是那件不合台灣身材的大衣問題的人數太少了。

　　直白講就是，要解決台灣的「體質問題」和「不合身大衣問題」，在修憲已經被實質凍結的狀況下，其實也可以根本不修憲，另外根據用戶實際需要，設計一套《台灣基本法」》就可以了。

　　2024 年是台灣勇敢面對自己的最後一次機會，這道理其實並不難懂，我會對年輕人說，25 歲到 30 歲是你面對自己的最後機會，過了 30 歲你就會被捲入社會的大染缸，然後人生路徑就被環境控制了。同理，在當前世界格局即將產生巨大變動的時刻，台灣若再蹉跎 2 年，未來就只能隨波逐流，人生從此定案了。

　　與其等著世局演化，台灣為什麼不先自我演化呢——先開始以外掛的《台灣基本法》治國？至於原來的憲法，還是有巨大品牌價值的，哪天在一個「後中共的中國」境況下，無償贈送給有需求的他人使用，也未可知呢！

# 第 9 章

# 請記住 「住民自決」

## ▌以「住民自決」應萬變

後中共的中國「被大幅改變」後，前面列出了 10 種可能的型態，無論各位鍾情於哪種型態，請一定記住：不管由哪條動力線發展，無論往哪種型態演化，不可挑戰的原則都是「住民自決」（Self-Determination）。再精確一點講：由有相互認同感的住民自己決定自己的未來！包括國體、國號、國名、國旗和國歌！

## ▌毛澤東和普丁也支持住民自決！

我們不能以人廢言，這裡就要回到 1920 年的毛澤東，和 2014 年的普丁了。1920 年毛澤東發表的「湖南獨立宣言」，之前已經介紹過，就是基於「住民自決」的。接下來要介紹普丁的住民自決言論。

2014 年，普丁在出兵克里米亞時做了一次全球演講，至少三次引用以下的國際法原則，並逐字逐句的複述了相關的《聯合國憲章》（*Charter of the United Nations*），及美國在支持科索沃（Kosovo）獨立時的宣言：

- 是否成為獨立國家乃住民自決之事，非住民無權干涉。
- 住民自決，公投就可決定，不需要任何「中央政府」

的同意。

- 2014 年克里米亞住民中 92% 公投贊成獨立，隨後以獨立主權國身分加入俄羅斯聯邦。

無論普丁說這番話是否出自誠心、數據是否真實，他的立論基礎扎扎實實定錨於「住民自決」及「公投有效」。這一變化球，中共接得住、接得起嗎？

在普丁所宣揚的法理邏輯下，中共的統戰用語「今日烏克蘭、明日台灣」這句話，頓然成了偽命題。應該擔心的不是台灣，而是中共政權。再來，2022 年國際上應該提出的警告不應該是「今日烏克蘭、明日台灣」，而是「今日頓巴斯，明日新疆」。因為，在普丁的邏輯下，不但台灣人，連新疆維吾爾人都可透過住民自決來選擇自己的憲法和國際身分。嗯，還有香港、蒙古和西藏呢！那上海人呢？福建人呢？毛澤東老家的湖南人呢？

更進一步的說，在 2014 年演講中，普丁毫不避諱的說除了克里米亞、盧甘斯克和頓內茨克等地，他完全承認烏克蘭的領土及主權，希望烏克蘭作為一個主權國家能夠進步發展，去除貪腐，「關心自己人民的福祉，接納融合烏克蘭國內的烏克蘭人、俄國人後裔和韃靼人，才是烏克蘭領土及主權的真正保證，希望烏克蘭成為自給自足的強大主權國家」。

若不因人廢言，普丁在 2014 年這段話，對台灣也有極大

的適用性，套用如下：「希望台灣作為一個主權國家能夠進步發展，去除貪腐，關心自己人民的福祉，接納融合國內的原住民、老移民、新移民和新住民，才是台灣領土及主權的真正保證，希望台灣成為自給自足的強大主權國家。」

## 告中華人民共和國平民書

最後，我以一篇寫於 2019 年的《告中華人民共和國平民書》結束本書，內容如下：

親愛的中國平民：

值此 2019 新年之際，祝願你們 10 多億人，如同台灣的 2350 萬人一樣，都能多元相處、全年平安。我們之間，雖然相互的遊客和訪客都不少，但至今存在許多隔閡和誤解，希望藉著這個機會，能夠縮短鴻溝，增進互諒互解。人類歷史上沒有解不開的結，我們雙邊也到了該解結的時候了。

台灣土地上的確有不少人，出於情感和事實上血緣的聯繫，願意稱呼你們為同胞；但是也有不少人，對「同胞」這兩個方塊字是無感的，因為台灣是個典型的多元種族混種國家，源自南島語系，400 年來混合了葡原（住民）、荷（蘭）原、西（班牙）原、漢原、日（本）原、日漢、百（越）漢等數不清的混種，近幾十年來還加入了大量的越南、菲律賓

和印尼血統。這 2350 萬人，當然都有同胞，但他們的同胞是輻射整個亞太區域的。

當然，由於人類地緣文化上的規律，台灣的這些人，和隔海的中華人民共和國人民之間，確實存在著不同程度的同質性。例如我們之間都用筷子、都使用方塊字，以及中秋節和端午節都會慶祝。另外，台灣許多人也拜中國沿海的媽祖和中原的關公，土地公廟更是無處不見，全中國的佛道，只要叫得出名字，台灣都有。在這方面，比較遺憾的是，台灣由於歷史原因，沒能像日本國捕捉並保存了西亞諸多塞外民族共同建立的唐代文化元素。

但你我之間的異質性是更值得注意的。其實用一句最簡單的話，就能點出最大的差異所在，那就是：中華人民共和國致力於追求「統一性」，而台灣致力於追求「統多性」。「統一」所追求的就是消滅多元，而「統多」所追求的是多元並存。用比方來說，「統一」就像某家人年復一年的每天餐桌上只有同一道菜，而「統多」就像某家人每天都要換著花樣吃菜。你說，這兩家人能夠住在只有一個廚房的同一個屋頂底下嗎？

台灣本身已經是個「統多」的國家。台灣人非常希望，你們也能嘗試一下「統多」下的生活，這樣我們雙方就有共同邁向未來的基礎了，畢竟「統一」和「統多」是走不到一塊的。比如說，台灣儘管有豐富的漢文化節日，但是台灣還

有原住民節日、基督教節日和南亞穆斯林節日。再如，儘管台灣種族、文化多元且交混，社會上有許多意見與紛爭，但是我們用「定期選舉」和「定期公投」這個機制來達到和平統多，警察是用來保障人身和財產的，不是用來統一維穩的。而在中華人民共和國，採用的制度是鬥爭得權後的指定指派，政治是用來統一意見的，公安是用來統一維穩的。

　　台灣社會也能體會「中國人不打中國人」的有條件善意，真的，只是台灣社會在這方面又更先進一些。台灣人會說「人不打人」，而不會用帶條件的「XX 人不打 XX 人」，因為這句話在語意上是很難自圓其說的。例如，新疆維吾爾人是不是中國人？打維吾爾人是不是反證了維吾爾人不是中國人？電視上有一個鏡頭，一位維吾爾人拿著中華人民共和國公民身分證說：「為什麼打我，我不是中國人嗎？」

　　我同意，我們之間一定要有共識，共識雖然不是萬能的，但沒有共識是萬萬不能的。這個共識，就是制度的共識，就是「統一不如統多」的共識，就是「定期選舉比隨權指派優越」的共識。一句話說盡，就是要有對人性的共識。

　　有了對人性的共識，具備了對制度的共識，不要說僅僅隔著海峽，就算是隔著大洋，也能夠一家親，比如美國和英國。沒有這兩個共識，咫尺也天涯。

　　最後，讓台灣人對您們說一句：「台灣尊重您們的住民自決」！

## 後記及致謝

　　中共在骨架解體之後，究竟是不作改變，亦或如何改變？這大哉問，與本書所解析的牆內動態、牆外動態、跨文化跨國的大動力脈絡，皆息息相關。

　　本書的方法學取向，有點像是氣候觀測——主要變因觀測，以及對主要變因的節點之觀測，從中推導出「可能性」（probability）和「可行度」（possibility）。其中不乏「想定」（scenarios) 及「前哨預策」（insight—based forward preparation）的成分。

　　各位也可用以下隱喻來理解本書的方法學：立體蜘蛛網式的思維方法學。每個視角，背後都是一面蛛絲交織的因果網；因果網與因果網的多層交織，每個節點都與每個節點具有作用力，大小遠近而已。

　　就像氣候系統，所有元素及狀態、動靜都最終參與氣候的形成動力，如空氣、水、陽光和電磁等。橫向，以全球為坐標；縱向，以時間為坐標。

　　細心的各位亦可發現，本書的基調是演化論，而非命定論、宿命論。本書無意扮演水晶球的角色。

　　相信神祕力量的人（例如相信「天滅中共」者），可以

用「天的旨意」或「神的旨意」來想像一個「後中共的中國」；相信道德力量者（例如相信「邪惡中共必亡」者），可以用道德觀念推想一個「後中共的中國」；情懷「大一統」者，可以由依然統一的視角讓想像飛騰；贊成「住民自決」者，可以由自身對「住民」的定義去設想「後中共的中國」。

對於這種種設想和想像，我都維持不發表意見的態度。因為，世事太豐富了，我是一個演化論者，不是一個目的論或宿命論者。

本書斷續思索的過程長達 2 年，但成書的時間卻一氣呵成，為時僅一個月。能夠如此快速成書，得感謝企畫編輯 Joey Kuo 先生以及某些社交群組中的好友，他們經常能直指要害、起到畫龍點睛的作用。特此致謝！

國家圖書館出版品預行編目（CIP）資料

後中共的中國：當中共政權解體，所有台灣人不可不知的天
下大勢全推演 / 范疇著. -- 初版. -- 臺北市：今周刊出版社股
份有限公司, 2022.10
　　面；　　公分. --（焦點系列；21）
ISBN 978-626-7014-79-0（平裝）

1. CST: 中國大陸研究　　2. CST: 政治發展

574.1　　　　　　　　　　　　　　　　　　　111015277

焦點系列 021

# 後中共的中國
## 當中共政權解體，所有台灣人不可不知的天下大勢全推演

| | |
|---|---|
| 作　　　者 | 范疇 |
| 總 編 輯 | 許訓彰 |
| 責任編輯 | 李雁文 |
| 校　　　對 | 許訓彰 |
| 封面設計 | 兒日設計 |
| 內文排版 | 家思編輯排版工作室 |

| | |
|---|---|
| 行銷經理 | 胡弘一 |
| 企畫主任 | 朱安棋 |
| 行銷企畫 | 林律涵、林苡蓁 |
| 印　　　務 | 詹夏深 |

| | |
|---|---|
| 發 行 人 | 梁永煌 |
| 社　　　長 | 謝春滿 |

| | |
|---|---|
| 出 版 者 | 今周刊出版社股份有限公司 |
| 地　　　址 | 台北市中山區南京東路一段96號8樓 |
| 電　　　話 | 886-2-2581-6196 |
| 傳　　　真 | 886-2-2531-6438 |
| 讀者專線 | 886-2-2581-6196轉1 |
| 劃撥帳號 | 19865054 |
| 戶　　　名 | 今周刊出版社股份有限公司 |
| 網　　　址 | http://www.businesstoday.com.tw |

| | |
|---|---|
| 總 經 銷 | 大和書報股份有限公司 |
| 製版印刷 | 緯峰印刷股份有限公司 |
| 初版一刷 | 2022年10月 |
| 初版七刷 | 2023年11月 |
| 定　　　價 | 400 元 |

*Focus*

*Focus*

*Focus*

*Focus*